결정의 순간,
후회 없는 선택이
필요할 때

선택의 기로에 선 우리가 반드시 마주해야 하는 고민들

결정의 순간,
후회 없는 선택이
필요할 때

감자 지음

봄에

인생에 정답은 없어. 내 선택만 있을 뿐이야.

왜 우리는 선택을 두려워하는 걸까?
자신의 결정이 바보 같다고 후회하고 마는 걸까?

나를 비롯한 수많은 내 주변의 사람들이 굳은 결심에도 불구하고 항상 삶에서 선택과 마주할 때면 어김없이 항상 과거의 나를 탓하고 책망하고는 해. '왜 그때 그런 어리석은 선택을 했을까?' '왜 나중에 꼭 후회할 것이 뻔한 바보 같은 결정을 했을까?'라면서 말이야. 지금 이 글을 읽고 있는 여러분들 역시 마찬가지라고 생각해. 불안하지만 이게 제일 나은 선택이라고 굳게 결심하며 결정했을 테지만, 그 선택의 결과에 만족하며 사는 사람들은 아주 소수일 거라고 말이야.

심지어 자신이 아주 긍정적인 성격의 소유자라고 생각하는 사람들조차도 예외는 아니야. 자신 있게 말할 수 있어. 살면서 한 번도 자신의 결정을 후회하지 않았다고 말하거나, 그때 왜 그렇게 바보 같은 선택을 했을까? 라고 생각해 본 적이 없는 사람은 거의 없을 거라고 말이야.

선택은 너무 어려운 일이라고, 후회하지 않을 결정을 한다는 건 불가능에 가깝다고 사람들은 말해. 어차피 어렵고 힘들다면, 그 곁까에 후회하는 건 우리가 싫어질 당연한 멍에 같은 거라고, 그러니 그냥 고민하지 말고 바로 앞만 보고 사는 게 훨씬 나은 일이라고 사람들은 말하지. 고민 없이 사는 게 최선이라고 여기며 말이야.

그렇게 아무 생각 없이 하루하루를 사는 게 편안하다고 믿으며 살던 어느 날, 우연히 시청하게 된 한 방송 프로그램에서 신동엽 님이 하는 이야기를 들었어. 사람들은 정답을 찾길 원하지만, 인생에 정답은 없다고 말이야. 조금이라도 더 나은 선택을 하지 못할 바에야 선택 자체를 하지 않으며 자기 삶의 방향을 전전긍긍하고 두려워하는 사람들에게 들려주고 싶었던 이야기라면서 말이지.

"사람들은 인생에서 마주치는 선택의 순간들을 마치 시험지에 답안지처럼 생각하는데, 삶은 시험과는 달라요. 지나고 나서 맞춰볼 정답 같은 건 없으니까 말이죠. 그저 우리는 선택만 할 수 있을 뿐이에요. 이 선택은 오답이고 저 선택이 정답이라고 생각하지만 그건 그저 시간이 지나서 후회할 뿐인 거예요. 사실 인생에는 정답이 있을 리가 없는데도 말이죠."

"그래서 저는 자신의 결정을 후회하는 사람들을 보면 너무 안타까워요. 영원히 증명할 수 없는 걸 고민하는 것과 같거든요. 내가 한 선택이 정답인지 오답인지 증명하려면 선택하기 전으로 되돌아가야 하잖아요? 그건 불가능해요. 영원히 알 수 없는 거죠. 우리는 그저 선택하고, 그 선택의 결과를 책임지기만 하면 되는 거예요. 우리가 할 수 있는 건 그것뿐이에요. 그리고 그거면 되는 거예요."

인생은 B와 D 사이에 C다.

태어나서(BIRTH)
죽을 때까지(DEATH)
선택하는 것(CHOICE)이
삶의 본질이다.

- 장 폴 사르트르

얼마 전에 빵이 너무 먹고 싶었어. 그래서 동네에 있는 빵
집에서 빵을 사기 위해 집 밖으로 나섰지. 길모퉁이를 돌아
늘 가던 빵집 앞에서 발길을 멈추었어.

한 번도 가 보지 못한 A 빵집에 가서 크림빵을 살까?
매번 가던 B 빵집에서 늘 즐겨 먹던 단팥빵을 살까?
아니면 사람들이 맛집이라고 이야기하던 C 빵집의 단팥
크림빵을 사는 게 낫지 않을까?

결국 나는 새로운 시도는 너무 위험한 일이라고 생각하며
매번 가던 B 빵집에 가서 단팥빵을 집어 들었지. 새로운 선택
은 리스크가 너무 크니까 말이야. 집에 돌아와 빵을 먹으면
서 늘 익숙했던 그 맛을 음미하며 계속 생각했어. A 빵집이나
C 빵집에서 먹어보지 못한 빵을 사는 게 낫지 않았을까? 하고
말이지. 그러면서 매번 똑같은 선택만 하는 나를 탓하면서 말
이야.

'아, 크림빵을 먹어봤어야 하는 건데.'

'역시 맛집이라고 소문난 단팥 크림빵을 먹었어야 했나?'

신동엽 님의 이야기를 들으면서 제일 먼저 이 생각이 났어. 내가 먹을 빵 하나를 선택하는 것조차 고민하는 내 모습이, 마치 영원히 알 수 없는 걸 증명해 내려는 사람들의 모습과 겹쳐 보이는 것 같았으니까 말이야. 정답이 아닌 선택을 해야 하는 순간 정답을 고르지 않으면 큰일 나는 사람처럼 말이지. 마치 내가 시험문제를 풀고 있는 학생처럼 느껴졌어. 크림빵이든 단팥빵이든 단팥 크림빵이든 그게 무슨 상관이 있었을까? 무슨 빵을 선택하더라도 달라질 건 하나도 없었을 텐데 말이야.

빵 하나 가지고 너무 거창해지는 듯싶지만, 우리는 인생에 정답이 있을 거라고 너무 믿는 것 아닐까? 라는 생각이 들었어. 그러니 정답을 선택해야 한다고, 오답을 선택할 바에야 차라리 아무것도 결정하지 않고 어떤 선택도 하지 않는 게 어쩌면 더 나은 '선택'이라고 믿고 싶었던 건 아닐까?

인간은 불행해지는 건 쉬워도
행복해지기는 어렵다.
내가 해줄 수 있는 조언은
뭔가를 얻으려고
노력하는 것보다
나를 불행하게 만드는
이유들을 제거하라는 것이다.

아이러니하게도 불행은
행복해지려고
노력하는 사람들의 것이니
말이다.

- 쇼펜하우어

아마 요즘 우리나라에서 가장 인기 있는 철학자는 바로 이 '쇼펜하우어'일 거야. 내 주변에서도 다들 알고 있을 정도니까. 이 쇼펜하우어라는 철학자의 조언이 계속 머릿속을 맴돌았어. 정답을 찾으려고 하지 말고 오답을 피할 수 있도록 노력하라는 조언 말이야.

최선의 선택이 아닌 최악의 선택을 하지 않도록 나를 되돌아보는 것이야말로 정답이 아닌 답을 찾는 선택과 결정을 할 수 있는 방법이지 않을까? 사실 그게 더 쉬운 일인 것 같다는 생각도 들고 말이지. 확실한 정답을 선택하는 방법이 아니라 최소한 오답을 고르지 않을 방법 말이야. 그게 만족할 만한 선택의 결과가 아닐 수도 있겠지만, 최소한 덜 후회할 수 있는 방법이라는 생각이 들었어.

아마 내 이야기를 불편해하는 사람이 있을지도 몰라. 최선을 다해 노력하고 꿈을 이루기 위해서 온몸을 던져도 모자랄 판에 '최소한'이라니 말이야. 하지만 누군가에게는 '최소한'이 어쩌면 이에게는 필요할 거라고 생각했어. 쇼펜하우어가 말했

듯이 말이야.

앞으로도 우리는 수많은 선택의 순간과 마주하게 되겠지. 그리고 늘 그랬듯이 결정 앞에서 주저하고 흔들릴 거야. 어쩌면 바보 같은 선택을 하게 될지도 모르고, 또 후회할지도 모를 어리석은 결정을 하게 될지도 모르지. 그럼에도 불구하고 우리는 선택을 해야만 해. 앞에서도 말했듯이 우리 인생의 본질은 '선택'이니까.

그게 어리석고 바보 같은 결정일지는 몰라도 최소한 내 선택을 후회하게 될까 봐 아무것도 결정하지 못하는 사람은 되고 싶지 않았어. 때로는 바보 같은 사람으로 보일지라도, 어쩌면 어리석은 결정을 내린 것처럼 보일지라도 말이야.

앞으로 여러분들에게 이 책을 통해 들려줄 이야기는 바로 그런 내 다짐의 기록들이야. 아마 내 이야기가 획기적이거나 확실한 결정을 할 수 있는 방법은 아닐 거야. 절대 흔들리지 않을 선택의 기술이나 방법을 가지고 있다면 얼마나 좋겠냐만 아쉽게도 그런 건 없다고 생각하니까 말이야. 조금 힘들고 느릴지 몰라도, 확실하고 명확하지 않아도 천천히 한 걸음 한 걸음 나아가 보려는 노력이 더 중요하다고 생각하니까 말이지. 조금씩 내가 생각한 대로 결정하고 천천히 전진할 수 있도록 말이야. 그래서 난 너무 걱정하지 않고 살아가려고 하고 있어. 인생은 정답이 있는 시험지가 아니니까 말이야.

선택 앞에서 한없이 작아지는 나와 네가

결정의 순간 앞에서 조금은 자유로워질 수 있기를.

2024년 5월 어느 날, 감자가

목차

1단계 의심하기

: 결정의 순간에 버려야 하는 것들

2단계 낯설게 생각하고 다르게 바라보기

: 선택의 기로에서 반드시 마주해야 하는 고민들

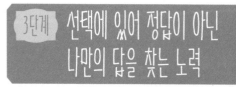

3단계 선택에 있어 정답이 아닌
나만의 답을 찾는 노력

: 후회하지 않는 선택을 위한 최소한의 원칙

1단계
의심하기

: 결정의 순간에 버려야 하는 것들

세상에 정답이 있을 것이라는
당연한 믿음부터 버려보기로 했어.
어쩌면 그 절대적인 믿음이
매번 결정을 미루고
선택 앞에서 주저하게
만들었던 건 아니었을까?

1장

30%의 개미들은
왜 아무 일도
하지 않을까?

우리는 여력을 남겨두어야 해요.

인생의 위기를 맞이했을 때를 대비해서 말이에요.

"작가님의 목표가 능력의 100%을 쓰지 않고 쓸 수 있는 능력의 70%만 쓰는 거라고, 어떤 순간에도 절대로 최선을 다하지 않는 거라고 말씀하셨던데, 맞나요? 아니, 최선을 다해도 모자라다고 말해야 하는 거 아닌가 싶어서요."

"네, 맞아요. 그러니까 항상 최선을 다하는 건 위험하다는 말이에요."

"우리가 잘 아는 《개미와 베짱이》라는 우화에서 보면 개미는 1년 내내 최선을 다해서 일만 하는 것 같잖아요? 이런 노력의 상징 같은 개미들을 들여다보면 사실 30% 정도의 개미들은 아무것도 안 하고 있다고 해요. 70%의 개미들만 먹이를 나르고 알을 보살피는 일을 하고 있다고 해요."

"항상 30% 정도는 '여력'으로 남겨둔다고 해요. 안 그러면 갑자스럽게 발생하는 돌발상황에 대처할 수가 없으니까 말이죠. 그래서 항상 최선을 다한다는 건 '여력'이 없다는 말과 같다는 거죠."

"우리 인생은 길고 어떤 위기가 발생할지도 모르잖아요. 갑자기 아플 수도 있고, 가족에게 변고가 생길 수도 있고, 예측할 수 없는 문제가 생길 수도 있는데, 항상 최선을 다해서 산다면 그런 위기의 상황에서 어떻게 잘 대처할 수 있겠어요. 이미 자기가 가진 모든 걸 다 끌어다 쓰고 있는데 말이에요."

"그러니 우리는 '여력'을 남겨 두어야 해요. 그런 때를 위해 말이에요."

이 이야기는 김영하 작가가 어느 TV 프로그램에 나와서 한 인터뷰 내용이야. 김영하 작가의 이 말에 난 뒤통수를 맞은 느낌이었지. 2년 가까이 전에 들은 이야기인데도 아직도 머릿속에 선명하게 남아 있을 정도로 말이야.

최선을 다하지 않는 게 목표라니. 이거 너무 신박하지 않아?
정말 생각해 보면 생각할수록 맞는 말인 것 같았어.

나도 항상 이렇게 생각하고는 했거든.

'지금 이 결정이 최선일까?' '어중간한 마음으로 한 이 선택으로 후회하
지 않을까?'라고 말이야.

나는 항상 '여력'을 남겨두지 않고 결정하려고 했던 것 같아.

이 선택에 후회를 남기지 않으려고 말이지. 그게 최선의 선택인 것이 분명할 테니까 말이야.

하지만 지금 돌이켜 생각해 보면 더 많이 후회했던 결정은 여분의 힘을 남겨두지 않고 선택했던 일들이었던 것 같아. 나를 몰아세운 결정이 옳다고 그냥 믿고 싶었던 거지.

그때는 그게 최선의 선택이었다는 걸 조금도 의심하지 않았어.

오히려 힘들어하는 나를 탓하기만 했지. 난 최선을 다하지 않았다는 후회와 죄책감으로 말이야.

생각해 보니 '여력'을 남겨두지 않은 결정 때문이었던 건 아닐까 싶었어. 선택 이후에 생기는 수많은 위기와 변수들을 감당할 만한 여분의 힘이 없어서 말이야. 자꾸만 내 최선의 선택을 의심하고 내 탓을 할 수밖에 없었지.

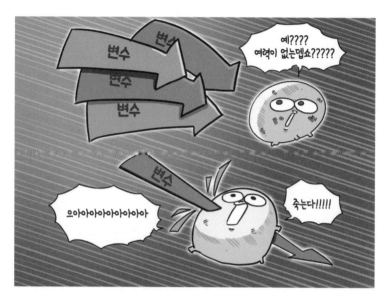

그럴수록 더욱더 난 선택의 순간에 주저하고 결정을 망설이게 될 뿐이었지만, 어쩌겠어. 난 그걸 감당할 여력이 없는데.

오직 인간만이
되돌아보고, 후회하고,
변화하고
다시 시작할 수 있다.

- 다니엘 핑크《후회의 재발견》

사람들은 선택의 갈림길에서 자신이 '최선'의 선택을 하길 바라는 것 같아. 나중에 그때를 떠올리더라도 그때의 결정이 후회 없기를 바라면서 말이야. 최선에 최선을 다해 고민하고 노력하고는 해. 지금 이 결정이 최선이기를, 후회 없는 선택이기를 말이지.

그래서 그 후회 없는 선택을 위해 '여력'을 남겨두지 않으려 하는 것 같았어. 혹시 생길지 모를 위기나 변수들을 고려하지 않으려고 말이야.
내가 결정한 이 선택이 최고의 결과로만 보답받기를 바라는 거지. 최선을 다한 나의 결정이 부디 최고의 선택이었기를 바라면서 말이야.

하지만 사실 모두 다 잘 알고 있을 거야. 인생은 그렇게 생각한 대로만 흘러가지 않는다는 걸 말이지. 심지어 중요한 결정일수록 더욱더 우리는 잘 알고 있어. 어쩌면 이 선택이 최선이 아닐지도 모른다는 걸 말이야.

그럴수록 우리는 선택이 더 두려워질 수밖에 없는 걸지도 몰라. 그러니 결정을 주저하고 선택을 망설이게 되고 마는 거지. 결국 우리는 최선의 선택을 하고 싶다는 마음 때문에 오히려 결정을 그르치게 돼 버리는 걸지도 몰라. 아이러니하게도 후회하고 싶지 않다는 마음이 더 큰 후회가 될 수 있다는 거지.

\<배수의 진\>

어떤 일을 성취하기 위하여
더 이상 물러설 수 없음을
비유적으로 이르는 말.

옛날 중국 한나라의 장수 '한신'은 한 전투에서 적들을 앞두고 강을 뒤에 두고 진지를 구축해서 퇴로를 막고 싸워 이기지 않으면 죽을 수밖에 없도록 독려해서 전쟁을 승리로 이끌었다고 해. 목숨 걸고 싸울 수밖에 없게 만드는 것. 즉, 일부러 위험한 상황을 만들어 최대한의 성과를 끌어낸다는 거지.

어떤 사람들은 이렇게 한계 상황으로 자신을 몰아넣는 게 최고의 선택을 할 수 있는 방법이라고 말하고는 해. 어떻게 희생 없이 결과만을 얻으려고 하느냐고, 고통 없이 성과만을 바라느냐고 말이야.

하지만 나는 그런 극단적인 생각이 우리의 결정을 무너뜨리고 선택을 주저하게 만드는 것 아닌가 라고 생각해. 그런 극단적인 선택이야말로 나를 항상 후회하게 만드는 결정이었으니까 말이야.

잘못된 결과가 됐을 때 멘탈이 돌이킬 수 없게 되거든요

성공 아니면 실패, 오 아니면 도, 죽기 아니면 까무러치기 같은 방식이 선택이 항상 좋은 결과를 만드는 선택은 절대 아니라고 난 확신하고 있어. 고통을 강요한 선택만이 올바른 결정을 할 수 있다고 믿는 사람들에게 "그건 네 생각일 뿐이야!"라고 말해주고 싶을 정도로 말이야.

오히려 그것이야말로 최악의 결정을 하게 만드는 것 아니냐고 말이지.

나는 혹시 모를 인생의 돌발상황에 대처할 '여력'을 남겨두고, 이전의 선택을 돌이켜 충분히 후회하고 변화하고 다시 시작할 수 있는 결정을 하며 사는 게 훨씬 더 내 삶을 지키기 위한 방법이라고 생각해.

그게 어쩌면 나에게는 최선의 선택일지도 모르니까 말이야.

인생은 실수와 우연으로
잔뜩 덮여있는 세계다.
실수는 실패가 아니다.
그리고 실수의 결과물은
아무도 알 수 없다.
실수 뒤에는 항상
우연이 따라붙기 때문에.
그 우연이 실수를 성공으로 비껴줄지,
뿌리째 뽑아 버릴지 모르니까.
우연은 무슨 꿍꿍이를 가졌는지
아무도 모른다.

그러니 실수를 두려워 말라.

- 쇼펜하우어

2장

상자 안의 쥐는
왜 보이는 레버마다
누르고 다녔을까?

우리는 어쩌면
무의식적으로 해오던 선택을
습관처럼 반복하고 있는것 아닐까?
레버만 보면 누르고 다니는 쥐처럼 말이야.

한 마리의 쥐가 실험실 한편의 작은 상자 안에서 분주히 돌아다니고 있어. 얼핏 보면 아무 생각 없이 이리저리 상자 안을 돌아다니는 듯 보이지만 자세히 들여다보니 한 가지 행동을 반복적으로 하고 있는 걸 발견할 수 있었어. 상자 안에는 몇 개의 지렛대 모양의 레버가 설치되어 있었는데, 레버만 보면 누르고 있었던 거야. 마치 레버를 보면 누르는 버릇이 있는 것처럼 말이지.

　이 쥐가 처음 상자 안에 들어왔을 때는 레버를 봐도 큰 관심이 없었어. 사실 쥐 입장에서 그 레버가 무슨 의미가 있겠어. 그냥 하나의 구조물에 불과했을 거야. 그런데 어느 날 우연히 이 레버를 눌렀더니 맛있는 땅콩이 상자 안으로 들어왔던 거야. 쥐는 홀린 듯이 먹이를 먹고 나서 보니 레버는 다시 위로 올려져 있었어. 그렇게 며칠이 지나고 쥐는 맛있는 땅콩을 또 먹을 수 있었어. 레버를 누를 때마다 말이야. 그러고 나서 깨달았지.

　'아, 레버를 누르면 맛있는 땅콩을 먹을 수 있구나!'

그렇게 쥐는 레버를 볼 때마다 족족 누르고 다녔던 거야. 하지만 어느 날부터인가 레버를 누르면 어김없이 나오던 그 맛있는 땅콩이 상자 안으로 들어오지 않았어. 어떤 때는 당근이 들어오기도 하고 또 어떤 때는 아무리 레버를 눌러봐도 아무것도 상자 안으로 공급되지 않기도 했어.

하지만 쥐는 레버를 누르는 것을 멈추지 않았어. 맛있는 땅콩이나 별로 좋아하지 않는 당근이건, 심지어 아무것도 공급되지 않더라도 말이야, 습관처럼 레버를 누르고 다녔어. 이미 쥐는 레버를 누르는 것이 몸에 밴 습관처럼 당연하게 자리 잡은 듯 보였지. 그렇게 상자 안의 쥐의 행동을 관찰하던 한 연구원은 한 가지 결론을 내릴 수 있었어.

'반복적인 행동으로 자리 잡은 행동은 습관이 된다.'라는 결론을 말이야.

우리의 뇌는
몸에 익은 행동을
반복적으로 하는 경우
무의식적으로 같은
선택을 하게 된다.
우리는 이것을
'습관'이라고 부른다.

이 쥐 이야기는 MIT에서 진행한 습관에 관한 실험 이야기로 우리가 습관화된 행동을 무의식적으로 반복할 때 뇌의 어떤 부위가 작용하는지 설명해 주는 실험이야.

우리의 뇌는 어떤 선택이나 판단을 행동으로 옮기는 경우에 의식적인 판단을 담당하는 '전전두엽'이라는 부위와 그 판단과 생각을 행동으로 옮기는 '선조체', 마지막으로 무의식적으로 같은 행동에 옮기는 '중간뇌'라는 뇌의 부분들이 활성화되어서 작용하는데, 여기서 중요한 건 바로 이 '전전두엽'이라는 부분이라고 해.

의식적으로 판단하는, 즉 새로운 상황에 직면했을 때 판단하고 선택하는 역할을 하는 뇌의 부위거든. 이 부위가 활성화될 때 뇌의 에너지 소모가 가장 많이 된다고 해. 고민하고 생각하면 달콤한 게 당기잖아? 그게 에너지를 많이 써서 당분을 보충하려는 무의식적인 행동이라는 거지.

앞의 실험에서 쥐의 뇌를 분석해 보니, 처음 상자 안에서 레버를 발견하고 누를 때는 '전전두엽'이 활성화되었는데, 시간이 흐를수록 '전전두엽'은 점점 더 비활성화되어 작동하지 않고, 오히려 '중간뇌' 부위가 더 활성화되는 결과를 보였다고 해. 그러니까 처음 레버를 발견했을 때 '이 레버를 누를까? 누르면 어떻게 되는 거지?'라고 고민하고 판단해서 행동으로 옮길 때는 '전전두엽' 부위가 엄청나게 활성화되는데 시간이 지날수록 고민과 판단할 필요 없이 레버를 누르다 보니 무의식처럼 습관화된 패턴을 반복할 때 작동하는 '중간뇌'가 더 활성화되었다는 거야.

앞에서 말한 것처럼 처음 맞닥뜨리는 일을 판단하고 선택해야 할 때 엄청나게 피곤해지고는 하잖아? '전전두엽'이라는 뇌의 부위가 활성화되면서 말이야. 그래서 본능적으로 우리는 익숙하지 않은 상황에서 고민하고 선택하는 일을 피하는 거라고 해. 우리의 뇌는 본능적으로 더 적게 에너지를 쓰는 걸 선호할 테니까. 고민하지 않아도 되는, 항상 익숙했던 선택이 편한 건 어쩌면 내 뇌가 에너지를 아끼기 위한 본능 아닐까? 내가 게으른 게 아니라 말이야.

그렇게 점점 '전전두엽'이 제 역할을 하지 않게 되고 쥐는 땅콩이 나오든 말든 그저 레버를 누르는 행동을 반복하고 말아. 이미 습관화 돼 버린 행동은 굳이 '왜 나는 이 레버를 누르는가?'라는 고민조차 하지 않게 되는 거야. 이 행위가 바보 같은 행동일지, 어리석은 선택을 반복하는 건지는 중요치 않게 되는 거지.

그리고 어쩌면 나도 이 실험 쥐와 다를 바 없다는 생각이 들었어. 경험해 보지 못한 낯선 상황과 새로운 문제를 맞닥뜨렸을 때 항상 이전에 해오던 선택과 행동만을 반복하는 게 편하다고 생각했었거든. 마치 레버만 보면 누르는 쥐처럼 말이야.

생각해 보면 실험 쥐처럼 익숙하고 안전한 선택, 그러니까 그냥 해오던 대로 레버만 누르는 선택을 하며 사는 것도 나쁘지만은 않을 것 같다는 생각이 들었어. 단, '땅콩'이 무조건 나온다면 말이야. 하지만 실험에서 보여주었던 것처럼 '땅콩'이 아니라 '당근'이 나올 수도, 아니면 아무것도 나오지 않을 수도 있을 거야. 그저 고민할 필요가 없다는 편안함에 익숙한 선택만을 습관적으로 한다면 땅콩이 아니라 당근이 나오는, 아니 어쩌면 아무것도 나오지 않는데도 같은 선택과 결정을 반복하며 살지도 모른다는 생각이 들었어.

레버만 보면 습관적으로 누르기만 하는 쥐처럼 말이야.

뇌 과학자들은 습관화된 행동, 무의식적으로 같은 선택을 하는 버릇을 고치기 위해서는 두 가지 방법이 있다고 말해. 첫 번째는 무의식적으로 선택하게 만드는 자극이나 상황들을 없애버리는 것. 그러니까 실험 상자 안의 '레버'를 없애 버리는 거야. 누를 레버가 없으면 더 이상 그런 무의식적인 행동은 하지 않을 테니까 말이지.

예를 들어 매번 다이어트를 결심하지만, 실패하는 사람들의 이유는 냉장고에 있는 고칼로리 음식이겠지? 그걸 참아낼 수 없다면 냉장고를 텅텅 비우거나, 아니면 냉장고 자체를 없애버리는 게 어쩌면 더 효과적일 거야. 하지만 너무 극단적이잖아? 그렇게까지 극단적으로 나를 밀어붙이는 선택은 하고 싶지 않더라고.

두 번째 방법은 스스로에게 '왜'라는 질문을 항상 던지는 거라고 해. 마주하는 선택의 기로마다 '나는 왜 이걸 하는 걸까?' '나는 왜 아무런 의심 없이 이 결정을 내린 거지?'라고 스스로에게 되물어보는 거지. 이 방법이 꺼져버릴지도 모를 '전전두엽'을 일부러 깨우는 최선의 방법이라는 거야. 물론 내 뇌는 격렬하게 거부할 테지만 말이야. 주변에도 그런 사람들이 꽤 있잖아. "그러니까 이건 왜 하는 건데?"라는 질문을 던지는 사람들 말이야.

난 어쩌면 첫 번째 방법보다 이 두 번째 방법이 더 피곤할지도 모른다고 생각했어. 나는 그 실험쥐와 한 치도 다를 바 없는 삶을 살아야 하는 걸까?

매번 다니던 대로변을 벗어나
골목길로 들어서면
새로운 것이 보일 거예요.
여행은 우리 삶에 꼭 필요해요.
새로운 걸
떠올려주니까 말이죠.

우리의 삶은 때때로
낯설어야 합니다.
그래야 인생은
행복해질 수 있습니다.

- 인지심리학자 김경일 교수

매번 집으로 가는 길을 벗어나 하루는 한 번도 가보지 않은 골목길로 가보기로 했어. 그날따라 이상하게 다른 길로 가보고 싶더라고. 그렇게 들어선 골목길에는 자동차들도 많지 않았고, 큰 커피숍도 건물도 없었어. 대신 작고 예쁜 카페들과 가로수들이 즐비해 있었어. 항상 다니던 길 바로 옆에 내가 알지 못하는 새로운 장소가 있었던 거야.

마치 해리포터 속에 나오는 기차역처럼 말이야. 같은 동네였지만 새로웠지. 이상하게 기분이 좋아지더라고. 여행이라도 온 듯이 말이야. 매번 지겹게 반복되던 일상에서 벗어나는 느낌이었어.

어쩌면 삶에는 이런 짧지만 낯선 경험과 새로운 곳에 나를 던지는 여행이 필요한 게 아닐까 생각했어. 낯섦이 두려움이 아니라 두근거리는 즐거움처럼 느껴질 수 있도록 말이야. 그럴 수 있다면 익숙지 않은 새로운 상황을 꽤 즐길 수 있을 테니까. 그래서 앞으로는 익숙하고 편안한 것들로부터 조금은 낯설어져 보기로 했어. 익숙했던 곳보다는 조금 낯선 골목길로 가 보듯이 말이야.

아마도 앞으로 살아가면서 새로운 문제에 직면하고, 새로운 선택과 판단을 내려야 하는 결정의 순간을 우리는 무수히 마주할 수밖에 없겠지. 그리고 그때마다 익숙하게 해오던 선택을 반복하려 할지도 몰라. 계속해서 레버를 누르던 쥐처럼. 하지만 우리는 알고 있잖아? 그런 습관화된 선택으로 나중에 얼마나 후회하게 될지 말이야. 땅콩이 아니라 아무것도 나오지 않는 '쥐'을 선택하게 될지도 모르니까 말이야.

그래서 새로운 길을 자주 가보려고 해. 낯선 공간에 나를 자주 놓아보려 해. 그것만으로도 달라질 수 있다면, 내 전전두엽을 깨울 필요도 없을 테니까 말이야.

지금은 그것만으로도 충분하지 않을까?

3장

**누가 봐도 세 번째가 정답인데
왜 사람들은
첫 번째를 선택했을까?**

대략 30%의 사람들은
다수의 잘못된 의견임을 알고도
휘둘리고 있었다고 한다.

한 무리의 사람들이 문 앞에서 기다리고 있었어. 일곱 명 정도 되려나? 다들 무덤덤하게 대화도 없이 묵묵히 기다리고 있었지. 서로 아무런 친분도 없는 이들이 이렇게 모여있는 이유는 어떤 '실험'에 참가하기 위해서였어. 어떤 실험인지는 아무도 알지 못했고, 그저 기다릴 뿐이었어.

남자는 간단한 실험에 참여하면 참가비를 받을 수 있다는 말에 혹해 별 생각 없이 이 실험에 참여했어.

얼마쯤 시간이 지났을까? 연구원으로 보이는 한 남자가 이들 앞에 나타났어.

"자, 여러분 모두 방 안으로 들어오시면 됩니다."

방 안은 아주 깔끔했어. 아니 너무 휑하다고 해야 하나? 정말 말 그대로 아무것도 없는 방이었어. 실험실에서 보일만한 그 어떤 장비나 도구도 없었어. 사람들이 앉을 의자나 테이블 조차도 없었어. 벽 정면에 보이는 막대선 그래프 같은 그림 두 장이 걸려있을 뿐이었지. 왼쪽 그림에는 한 개의 선이 그려져 있었고, 오른쪽에는 세 개의 선이 그려져 있을 뿐이었어.

"모두 여기를 주목해 주세요. 앞에 두 장의 그림을 봐주세요. 왼쪽에 있는 막대 선이 보이시죠? 오른쪽에 있는 막대선 세 개 중 왼쪽에 있는 막대 선과 같은 길이의 막대 선을 골라주시면 됩니다. 선택을 마치신 분은 오른쪽에 보이시는 문으로 나가주시면 됩니다."

'와, 정말 간단하네? 이런 일로 참가비를 받을 수 있다니 오늘은 운이 너무 좋은데?'

남자는 마음속으로 쾌재를 불렀지. 그도 그럴 것이 정말 '간단'한 실험이었거든. 왼쪽에 보이는 막대 선과 세 번째 막대 선이 같은 길이의 선이라는 건 누가 봐도 알 수 있을 만큼 세 개의 막대 선은 차이가 분명했거든. 누가 봐도 확실할 만큼 말이야. 남자는 빨리 세 번째 막대 선을 고른 후 참가비를 받을 생각에 기분이 좋아졌어.

"첫 번째 막대선, A 그림이 왼쪽과 똑같네요."

"네, 저도 A입니다."

남자는 무척 당황했어. 이게 무슨 상황인지 당최 이해가 되지 않았지. 실험에 참여한 사람들이 세 번째가 아닌 첫 번째 막대 선을 선택했으니까. 그것도 한 사람이 아니라 앞 순서에 있는 사람들 모두가 말이야. 남자는 눈을 감았다 떠보기도 하고 눈을 비벼보기도 했어. 혹시 다른 착시효과가 있는 건가 싶었거든. 하지만 아무리 다시 보아도 왼쪽의 있는 막대 선과 같은 길이의 막대 선은 세 번째였어. 의심의 여지가 없이 말이야.

그렇게 앞 순서 사람들이 모두 첫 번째 막대 선을 고르고 실험실 밖으로 나가고 마지막으로 남자의 순서가 되었어. 남자를 제외한 나머지 여섯 명의 사람들 모두가 첫 번째 막대 선을 선택한 상황에서, 남자는 당황스러움을 감출 수 없었어. 그때 연구원이 남자에게 물었어.

"어떤 막대 선이 같은 길이의 막대선입니까?"

뭔가 함정이 있는 걸까? 아니면 내가 정말 착시효과에 속고 있는 걸까? 시작할 때만 해도 별것 아니라고, 너무나도 간단한 실험이라고 생각했던 남자는 이 몇 분 사이에 엄청난 고민의 순간을 맞이하고 말았지. 분명 의심할 여지 없이 세 번째 막대 선이 정답이라고 생각했고, 자신은 그걸 고른 후 이 방을 나가면 끝이라고 생각했으니까 말이야.

'그냥 내가 보이는 대로 C를 고를까? 아니, 모두 A를 선택했으니 그냥 나도 A를 선택할까?'

남자는 쉽게 답을 내리지 못한 채 머뭇거렸고, 연구원이 다시 물었을 때 남자는 조용히 입을 열었어.

"…첫 번째 A 막대 선이요…."

이 실험은 1950년대 미국의 심리학자 '솔로몬 애쉬'가 진행한 '동조 실험'이라는 사회심리학 실험으로 타인의 시선이 선택에 얼마나 큰 영향을 미치는지 알려주는 사례로 유명하다고 해. 이 실험에서 세 번째 막대 선이 분명한데도 불구하고 다른 사람들이 고른 첫 번째 막대 선을 고른 사람들은 무려 36.8%에 달했어. 미국인들만의 문화적 특성일지도 모른다는 생각에 전 세계 17개국의 사람들에게 같은 실험을 한 결과 29%의 사람들이 C가 아닌 A 막대선을 골랐다고 해.

그러니까 10명 중 3명은 타인의 시선에 자신의 선택을 맡겼다는 거야.

쿨하다는
말의 핵심은
쿨하게 '보이는' 데 있다.

- 저널리스트 딕 파운틴

이 실험 이야기를 읽으면서 나 역시 다른 사람들을 너무 의식하면서 살아가는 것 같다는 생각이 들었어. 나만의 분명하고 확고한 생각이 있더라도 사람들이 나를 어떻게 바라보는지가 더 중요했으니까 말이야. 세 번째 막대 선이 분명한데도 다른 사람들이 모두 첫 번째 막대 선이라고 말하니 자신이 뭔가 착각하고 있다고 느끼는 것처럼, 내 생각보다는 타인의 시선이 더 중요했던 것 같아.

남들과 다른 나를 보여주기보다 타인이 보는 '나'의 모습에 더 신경 쓰고 살고 있는 건 아닐까. 나 역시 타인의 시선에서 자유롭지는 못했어. 내가 하고 싶은 말보다는 남들이 나에게 듣고 싶은 말을 하고, 타인에게 비난받을 것 같으면 내 의견 따위는 마음속에 고이 접어 두었으니까 말이야. 남들이 어떻게 나를 바라볼지 너무나도 신경 쓰였으니까. 내가 좀 더 괜찮은 사람으로 사람들에게 비치기를 바랐던 것 같아. 속 좁아 보이거나 남들과 다른 이상한 사람으로 보이기 싫었어.

그래. 어쩌면 난 좀 '쿨'해 보이고 싶었던 것일지도 모르겠어. 남들과 다른 생각과 의견으로 상처받고 싶지 않았으니까. 불안하고 두려운 나를 '쿨함'이라는 갑옷을 두르고 감춰 왔던 거지. 이러면 괜찮을 줄 알고 말이야.

'이런 선택을 하면 사람들이 뭐라고 생각할까?'

'내 솔직한 생각을 드러내면 속 좁아 보인다고 욕하지 않을까?'

어느새 내 선택과 결정은 타인의 시선에 좌지우지되고는 했어. 이 선택은 남들에게 어떻게 비칠까, 이번 결정으로 사람들은 날 어떻게 생각할까. 내가 생각하는 나의 모습보다는 남들이 날 어떻게 바라봐 줄지가 선택의 절대적인 기준인 것처럼 말이지.

네○○에서 웹툰을 연재하는 모습이 내가 바라던 나의 모습일지 고민한 적이 있었어. 아니, 나는 웹툰 작가가 꿈이었는지 스스로에게 의문을 가졌던 것 같아. 어쩌면 남들이 기대하는 나의 모습을 내 의지와 관계없이 선택한 것은 아닐까?

그저 남들에게 '보이는' 것만이 내 결정의 근거가 아니었을까 하고 말이야. 마치 쿨해 보이는 것에만 집중하는 사람처럼 말이지.

진짜 '쿨'하다는 건 타인의 시선에 휘둘리지 않는 것. 그게 진짜 '쿨'의 진짜 모습이라는 어느 저널리스트의 말에 고개를 끄덕일 수밖에 없었어. 남들에게 보이는 것에만 급급한 '가짜 쿨함'에 내가 잃어버린 건 어쩌면 내가 진짜 바라고 원하는 걸 선택할 수 있는 '용기' 아닐까? 지금껏 타인의 욕망을 내가 욕망한다고 착각하며 선택과 결정을 해왔던 것 아닐까?

타인의 시선에서
자유로울 수 없는 사람은
노예와 같다.

- 쇼펜하우어

저는 제가 보이시한 옷을 좋아한다고 생각했어요. 남들도 다 잘 어울린다고 하고 말이에요. 그래서 항상 머리도 짧게 자르고 치마보다는 바지만 입고 다녔죠. 저는 그게 제 취향이라고 생각했어요. 그런데 어느 날 부모님 댁에 가서 옛날 제 방 옷장을 열어봤는데, 레이스 달린 원피스들만 수두룩한 거에요. 이상하게 홀린 듯이 원피스를 꺼내 입고 거울을 보는데 기분이 좋았어요. 거울 속의 내가 너무 예뻐 보였거든요. 그 때 느꼈어요. '아, 나는 이런 걸 좋아하는 사람이었구나.' 하고 말이에요.

그 이후로 저는 레이스 달린 원피스를 입고 다니기도 해요. 머리도 기르고 파마도 하고요. 예쁜 액세서리를 사 모으기도 하고 말이죠. 남들이 잘 어울린다고 하는 짧은 머리, 보이시한 옷들보다 제가 진짜 좋아하는 모습으로 저를 꾸미고 다녀요. 그런 제 모습이 저는 너무 좋아요.

오랜만에 만난 친한 동생의 너무나도 달라진 모습에 놀란 내게 동생은 이런 이야기를 들려주었어. 남들의 시선보다는 자기가 진짜 좋아했던 취향을 찾았다고 말이야. 그 이야기를 듣고 그 동생이 나는 너무 예뻐 보였어. 너무 멋지고 부럽다고 생각했지. 남들의 시선에 휘둘리지 않고 자신이 좋아하는 걸 선택하는 모습이 말이야.

우리 모두는 타인의 시선에서 자유로울 수 없다고 생각해. 아무리 굳게 다짐하더라도 그게 쉬운 일은 절대 아닐 거야. 하지만 타인의 시선에만 얽매여 살아간다면 삶에서 마주하는 수많은 결정의 순간에서 많은 후회를 남기게 되지 않을까? 내가 아닌 타인의 시선이 선택의 기준이 될 테니까 말이야. 그건 내가 바라던 모습과는 다를 테니까.

만약 내가 '동조 실험'에 참가하게 된다면 세 번째 막대 선을 선택해 볼까 해.
쇼펜하우어의 말처럼 타인의 시선에 갇혀 노예처럼 살고 싶지는 않으니까.

4장

왜 '나그네쥐'들은 절벽으로 뛰어내렸을까?

레밍들은 왜 자신들이 절벽에서 뛰어내리는지
절대 생각하지 않습니다.

그냥 뛰어내릴 뿐입니다.

- 데이비드 허친스 《레밍 딜레마》

혹시 레밍(lemming)이라는 이름의 동물을 들어본 적이 있어?

북유럽의 춥고 척박한 스칸디나비아반도의 툰드라지대에 살고 있는 설치류, 그러니까 '쥐'의 한 종류야. 몸길이는 7~15cm 정도에 몸무게는 30~110g 정도로 작은 동물이지. 집단을 이루어서 살면서 주기적으로 이동한다고 해. 왜냐면 번식력이 엄청나거든.

숫자가 늘어난 만큼 먹을 게 떨어지니까, 일정 수 이상으로 불어나면 먹이가 있는 곳으로 이동할 수밖에 없거든. 얘네들이 사는 곳은 워낙 춥고 척박하니까 말이지.

그래서 이 '레밍'의 별명이 '나그네쥐'야.

이 녀석들은 언제나 무리 지어 이동할 준비를 하고 있으니까.

그런데 이 레밍들이 이동할 때 보이는 특징이 하나 있다고 해. 바로 무리를 이뤄 이동할 때 '직선'으로 이동한다는 거야. 그러니까 우두머리 레밍이 앞장을 서고 일렬로 죽 늘어서서 맨 앞줄에 있는 우두머리 레밍만 보고 따라서 움직인다는 거지.

뒤따라 달리는 레밍은 그저 앞에 우두머리 레밍만 따라갈 뿐인 거야. 말 그대로 맹목적으로 말이야.

이런 맹목성이 문제였을까? 레밍의 집단 이동 과정에서 강이나 호수에 빠져 죽는 경우들이 꽤 있다고 해. 우두머리 레밍이 앞서 달리다 길을 잘못 들어서 말이야. 앞에 말한 것처럼 이 녀석들은 아주 '맹목'적 이거든. 그냥 앞서가는 쥐가 벼랑 끝으로 달리더라도 그저 따라갈 뿐이야.

심지어 자신이 절벽 아래 물속으로 뛰어들어 죽을지라도 말이지.

사회심리학에서는 이런 현상을 가리켜 '레밍효과(lemming effect)'라고 부르며, 맹목적으로 다른 사람의 행동이나 주장을 따라 하는 집단적 편승효과를 표현하는 현상으로 이야기해.

성공한 사람들, 영향력을 가진 유명인들의 이야기를 아무런 의심 없이 그저 맹목적으로 따르고 자신의 선택과 결심의 기준으로 삼는 건 매우 위험한 일이라고 말이야.

생각해 보면 내가 절벽으로 스스로 떨어지는 레밍이라는 나그네쥐와 다를 바 없다는 생각이 들었어. 스스로 선택하기 어려운 문제에 직면했을 때마다 누군가가 나 대신 결정해 주기를 바랐으니까 말이지.

1단계 : 의심하기

최선이라고 생각했던 그 선택으로 후회했던 적, 단호한 마음으로 결정했다고 믿었지만 결국 흐지부지돼 버려서 자신을 스스로 탓해본 경험들이 쌓이면 쌓일수록 결정한다는 건 더 힘들어져 가기만 했어. 결정은 나에게 너무 어려운 시험문제 같기만 했지.

'시험'이라고 생각해서였을까? 내가 내리는 결정에는 오답과 정답만 있다고 믿어버렸던 것 같아. 혹시라도 '오답'을 선택할까 봐 두려웠어. '정답'을 고르지 못하면 실패하는 것과 같으니까 말이야. 그래서 더 틀리지 않을, 안전한 선택과 결정을 하려 했던 것 같아.

누군가가 결정해 주는 선택을 따르는 것 말이야.

나보다 조금 더 결단력 있는 누군가의, 비슷한 문제를 막힘없이 풀어낸 어떤 이의 결정과 선택을 따르는 게 더 좋은 결정이라고 생각했어. 나보다는 조금 더 좋은 결정을 했을 테니까. 그리고 그게 더 '정답'에 가까운 선택이라고 믿었거든.

자신의 판단과 권위를
헷갈려서는 안 된다.
사람들은 결정하기 어려운
문제를 마주했을 때,
권위 있는 타인의 판단에
따르면서도
마치 스스로의 선택인 양
착각에 빠지고는 한다.
이 착각이야말로 나태한
인간의 본성이다.

- 쇼펜하우어

그래, 솔직히 말하자면 나를 포함해서 많은 사람들이 착각하고 있었던 것일지도 모르지. 그저 더 쉬운 선택을 하기 위해 게으른 선택을 했을 뿐인데 말이야. 더 확실하고 정답에 가까운 결정을 하는 거라고 스스로를 속이면서 말이지.

지금 와서 돌이켜 생각해 보면, 그 정답이라고 믿었던 선택과 결정이 나를 더 지치게 하고, 힘들게 만들었던 것 같다고 느껴졌어. 당연히 그럴 수밖에 없지. 그 선택과 결정은 내 의지가 아니었으니까. 내 판단이 아니라 '타인'의 판단이었을 테니까 말이야.

남들이 말하는 '정답'이 아니라 내가 생각하는 '답'을 찾았어야 했는데. 그래서일까? 선택의 결과와 관계없이 지치고 힘들기만 했었던 것 같아.

그래. 어쩌면 나는 선택에서 도망쳐버리는 결정을 했던 것일지도 모르겠어. 그저 성공한 사람들의 안전한 선택을 따르면서 말이야. 나보다 나은 누군가가 나 대신 선택을 해주길 바라면서 말이지.

우리는 답을 찾을 것이다.

늘 그랬듯이.

– 영화 〈인터스텔라〉

우리는 답을 찾을 것이다. 늘 그랬듯이

감 자 스 텔 라

6월 대개봉

살면서 우리는 작든 크든 결국 '결정이 필요한 순간'을 맞이할 수밖에 없겠지. 어쩌면 그 선택의 순간이 너무 두렵고 망설여지고 막막해지기도 할 거야. 인생은 원래 그런 거니까.

그 두려움에 우리는 모두 '정답'을 선택하고 싶겠지만, 안타깝게도 '정답'이라는 건 없다고 생각해. 오히려 '정답'이라는 게 있는 세상이 더 이상하지 않을까? 다들 똑같은 모습으로 똑같은 상황만을 겪을 테니까 말이야.

하지만 다행스럽게도 '답'은 있다고 생각해. 누구에게나 맞는 '정답은 아니겠지만, 최소한 '나'에게는 확실한 '답'이 되어줄 수 있는 것들 말이야.

그래, 나는 결정할 수 없을 만큼 어려운 문제를 마주한다 해도
최소한 내 스스로 선택하자고 다짐하고 있어.
아무리 막막하더라도 내가 아닌 다른 누군가의 판단으로
내 결정을 맡기지 않겠다고 말이야.

5장

왜 장그래는 스스로에게 노력한 적 없다고 말하는 걸까?

열심히 안 한 것은 아니지만
열심히 하지 않은 것으로 생각하겠다.
난 열심히 하지 않아서 버려진 거다.

- 드라마 〈미생〉 중에서

혹시 〈미생〉이라는 드라마를 본 적이 있어? 바둑을 두던 장그래가 무역회사에 입사해 자기 인생의 멘토와 같은 오 과장, 김 대리의 팀에 들어가서 겪는 이야기 말이야. 내 주변에 회사를 다녀본 경험이 있는 사람들이라면 120% 공감하며 봤던 이 드라마는 명대사가 많은 걸로 유명했지. 지금도 떠오르는 명대사들이 있을 정도니까 말이야. 그중에서 아직도 잊히지 않는 장면과 대사가 있어.

미숙과 아르바이트를 겸한 때문이 아니다. 용돈을 못 주는 부모라서가 아니다. 아버지가 돌아가시고 어머니가 자리에 누우셔서가 아니다.

그럼 너무 아프니까.

그래서 난 그냥 열심히 하지 않은 편이어야 했다. 열심히 하지 않은 것은 아니지만 열심히 하지 않은 것으로 생각하겠다.

난 열심히 하지 않아서 버려진 것뿐이다.

축 처진 어깨에 후드티를 입은 장그래가 새벽 아르바이트를 마치고 돌아오면서 출근하는 사람들 속에서 독백을 내뱉는 이 장면 말이야. 다시 떠올려 곱씹어 봐도 이 장면과 대사를 떠올리면 짠해지는 기분을 떨치기 힘들어. 원하는 꿈에서 멀어져 힘들어 주저앉아 슬퍼할 겨를도 없이 삶의 치열한 현장으로 뛰어든 어리디어린 '장그래'라는 캐릭터를 생각하면 슬퍼질 수밖에 없으니까 말이지.

충분히 세상을 탓해도 될 텐데 그럴 바에야 자신을 탓하며 '노력'하지 않은 건 아니지만 노력하지 않을 걸로 생각하는 그 마음이 어쩌면 나와 너무 닮아있다고 생각해서였을까? 나도 힘든 일이 닥칠 때마다 스스로를 탓하고는 했어. 내가 노력하지 않아서라고, 내 잘못이라고 말이야.

어쩌면 나도 장그래도 자신을 탓하는 게 제일 쉬웠던 것 같아. 다른 누구를 탓하거나 세상을 탓하고 나면 여지없이 찾아오는 죄책감에 더 괴로워지고는 했으니까. 그 죄책감과 함께 밀려오는 지독한 무력감도 내가 스스로를 탓하게 되는 이

유였던 것 같아. 그 죄책감과 무력감에 무너지지 않기 위해서라도 나는 내 노력을 폄하할 수밖에 없었지. 내가 이렇게 힘든 이유는, 내가 남들보다 성공하지 못한 이유는 내가 노력하지 않아서라고 말이야.

그런 이유 때문이었을까? 장그래의 노력하지 않은 것으로 하겠다는 독백이 나에게는 스스로 하는 위로처럼 와닿았어. 어찌할 수 없는 괴로움을 스스로 달래기 위한 위로 말이야. 그래서 내가 이 대사가 잊히지 않았던 것 같아. 나름 열심히 살아왔다는 생각이 들어도 내 현실이 불안하다고 느낄 때마다 나는 '장그래'가 되고는 했으니까. 내 노력이 부족했던 거라고 더 열심히 하지 못한 나를 탓해버리고 말았으니까. 장그래처럼.

한편으로는 누가 '노력은 배신하지 않는다'라는 말을 만들어냈는지 몰라도 너무 가혹한 것 아니냐는 생각이 들었어. 아니, 지들이 뭔데 내 노력을 이런 식으로 폄하하게 만드는 걸까 하고 말이야. 내 노력의 과정을 깡그리 무시할 수 있는 무적의 논리인 거잖아. 결국 남들이 말하는 성공이라는 결과에 도달하지 못한다면, 내 노력은 노력이 아니라는 말과 같을 테니까.

흔히 말하는 성공적인 결과는 상대적으로 평가될 수밖에는 없는 거잖아. 남들보다 좋은 경제적 수입이, 남들보다 우월한 평가 같은 비교 우위적 기준이 내 노력의 과정에 대한 유일한 기준이 될 테니까 말이야. 심지어 사람들은 스스로 괜찮다고 만족하는 사람들에게는 가혹한 평가를 하기도 해. 이러니 언제나 노력은 폄하될 수밖에. 스스로 자신의 노력을 비하할 수밖에 없는 것 아닐까?

꿈은
어쩌면
저주일지도 모른다.

- 철학자 강신주

우연히 틀어놓았던 TV 프로그램에서 이 장면을 봤던 것 같아. 독설가로 유명했던, 베스트셀러 작가로도 알려진 철학자 강신주 님은 말했어.

"꿈을 갖는다는 건 무서운 저주다."

한 20대 배우 지망생이 배우라는 꿈을 이루기 위해 지금껏 계속 도전해 왔지만, 점점 자신이 없어진다고. 앞으로도 이 힘든 도전을 계속해야 할지 모르겠다고, 포기하고 싶다고 말이야. 그 이야기에 거침없이 꿈은 저주라고 말하고 나서 이루지 못한 꿈은 언제든지 너를 괴롭힐 거고, 이루지 못한 그 꿈의 주위를 배회하는 귀신같은 자신을 발견할 거라고 말이지. 굳이 이렇게까지 이야기해야 하는 건가 싶은 생각이 들기도 했지만 동의할 수밖에 없었어. 원래 꿈이라는 건 그런 거니까 말이야. 포기하기도 계속해 나가기도 힘든 법이니까.

어쩌면 우리가 스스로의 노력을 평가 절하하는 건 이 '꿈' 때문은 아닐까 싶었어. 꿈이라는 건 언제나 이루기 어려운 법일 테니까 말이야. 그 '꿈'이라는 목표를 이루기 위한 나의 노력은 언제나 부족해 보이기 마련이잖아. 그걸 해내기 위해 마주하는 선택이나 결정도 언제나 불안하기 짝이 없을 거야. 지금 이 선택이 내가 꾸는 꿈에 한 발짝 더 가까워지는 결정이라고 자신할 수 없을 테니까 말이지.

'이 정도로 될까?'
'아니, 이건 너무 부족한 것 같은데?'

어떤 선택을 하더라도 부족해 보일 거야. 이 선택이 불안할 테니까. 그러니 무리한 결정을 하는 것 같아. 지속할 수 없는, 스스로 견뎌내지 못할 선택을 말이야. 그리고 우리는 중도에 포기해 버리고 나서 자기 자신을 탓하고는 해. 내가 부족한 거라고, 이러니 내가 이렇게 힘든 거라고 말이지. 그렇게 스스로를 괴롭히며 다시 꿈을 위해 정신 차리자고 다짐하고 또 똑같은 결정과 선택을 반복하고는 하지. 영원히 벗어날 수 없는 쳇바퀴를 도는 햄스터처럼 말이야.

흔히 사람들은 자기관리만
이야기하곤 합니다.
하고 싶은 걸 참고 절제하고
목표를 위해 노력해야
한다고 말이죠.

하지만 사람들이
놓치고 있는 게 있어요.
관리만큼이나 중요한 건
'케어'라는 걸 말이에요.
나를 관리하는 것 만큼이나
스스로를 돌보는 것도 중요해요.

- 김창옥 교수 강연 중에서

그래. 우리는 너무 스스로에게 가혹한 것 아닐까 싶었어. 저 멀리 있어서 지금은 닿지도 않는 '꿈'이라는 걸 이루기 위해 말이야. 그러기 위해서 스스로를 관리하고 절제해야 한다고 믿었던 건 아닐까? 나를 돌아보고 케어하고 돌보는 시간이 필요할 텐데 말이지. 스스로를 돌보는 건 성공한 나중에라도 충분할 거로 생각했던 그 마음이 자신을 옥죄고 괴롭히고 자신의 노력을 폄하하게 만들었을지도 몰라. 다른 누군가가 아니라 자신 스스로가 말이야.

어쩌면 아무리 열심히 노력해도 결과가 보이지 않는 현실에 우리는 좌절하고 있었던 것일지도 모르지. 그래서 스스로를 돌보는 건 언감생심 생각도 못 하고 있었던 걸지도. 그래서 더 스스로에게 엄한 채찍질을 하는 선택을 옳은 결정이라고 믿어왔던 것 아닐까? 지금은 쉴 때가 아니라고 달릴 때라고 말이지. 아직 당근은 사치라고 생각하면서 말이야.

하지만 삶은 100M 단거리 달리기가 아니라 42.195km를 달려야 하는 마라톤이라고 생각해. 인생의 목적지는 아직 눈에 보일 리도 없고 보이지도 않는 게 맞는 것 아닐까 싶어. 그렇게 결승선을 앞둔 단거리 선수처럼 뛰다가는 지쳐버려서 중도 포기할 수밖에 없을 거야. 아직 한참이나 남은 그 결승선에 닿기 위해서 우리는 물도 마시고 간식도 먹고 힘들면 속도를 조금 줄이면서 한 걸음 한 걸음 나아가야 하지 않을까? 그러기 위해서 자신에게 조금은 더 관대해 질 필요가 있다고 생각해.

우리가 마주할 수많은 결정의 순간에서도 이런 선택이 필요하지 않을까? 내가 지속할 수 있는, 스스로를 돌보는 선택이 말이야. 도중에 지쳐서 낙오되지 않도록 결승점까지 무사히 페이스를 유지할 수 있도록 만들어 줄 그런 선택과 결정 말이지.

이제부터 내가 마주할 선택의 순간에 '장그래'가 떠오르지 않도록 결정해 보려고 해. '꿈'이라는 저주에 빠지지 않도록 말이지.

물론 절제하기도 하고, 참기도 하고 채찍질이 필요할 때가 있을지도 모르지만, 당근을 주는 것을 잊지 않을 거야. 그래야 최소한 자신을 탓하며 후회하는 선택과 결정은 피할 수 있을 테니까 말이야.

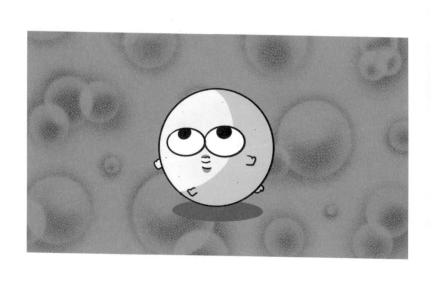

6장

**왜 비행기가 멈추지도 않았는데
사람들은 자리에서
일어나는 걸까?**

남들보다 조금이라도 먼저
출구를 빠져나가는 것이
그렇게 중요한 걸까?

비행기가 착륙한다는 안내 방송에 눈을 떴어. 오랜만에 여행이라 피곤했는지 비행기에 타자마자 잠에 들어 한 번도 깨지 않았거든. 방송 소리에 드디어 집에 도착했다는 안도감과 여행의 여독이 함께 몰려와 기분 좋은 몽롱함이 느껴졌어. 기지개를 펴 졸린 기운을 떨쳐내고 비행기에서 내릴 준비를 시작했어.

"손님 여러분, 편안한 여행 되셨습니까? 우리 비행기는 인천공항에 노착했습니다. 비행기가 완전히 멈춘 후 좌석벨트 표시등이 꺼질 때까지 자리에 앉아서 기다려 주십시오."

비행기가 공항 활주로에 도착하면서 다시 안내 방송이 흘러나왔어. 방송이 나오기 전부터 비행기는 소란스러웠어. 비행기가 완전히 멈추지 않았음에도 선반을 열어 짐을 챙기고 나갈 준비를 하는 사람들로 인해 시끌시끌했지. 나도 마찬가지로 벨트를 풀고 서둘러 선반을 열어 내 짐을 챙기기 시작했어. 비행기는 아직 활주로에서 멈추지 않았지만 말이야.

그런데 내 앞 좌석에 앉은 한 외국인 부부는 아무 미동도 없이 가만히 앉아 있었어. 빨리 비행기를 빠져나가 출구로 향해야 하는데 왜 나갈 준비를 하지 않는지 의아했지. 그 부부는 아랑곳하지 않고 안내방송의 멘트처럼 비행기가 완전히 멈출 때까지 미동도 하지 않았어. 그리고 비행기가 완전히 멈추자 승무원 분들이 안내를 시작했어.

"천천히 앞쪽 출구로 이동해 주십시오. 감사합니다."

사람들은 승무원의 멘트가 끝나기 무섭게 앞으로 이동하기 시작했어. 나도 이미 준비가 끝난 상황이라 앞쪽 출구로 향했지. 하지만 외국인 부부는 이제 벨트를 풀고 선반에서 자기 짐을 챙기기 시작했어. 앞쪽으로 향하려던 나는 멈출 수밖에 없었지. 다른 쪽에서는 이미 출구를 빠져나간 사람들도 있었지만, 우리 쪽 줄은 기다리고 있을 수밖에 없었어. 내 뒤쪽 좌석에서는 웅성거리는 사람들의 소리가 들려왔어.

"뭐야? 왜 안가?"

"다른 줄은 벌써 빠져나가고 있는데 앞에서 뭐 하는 거야?"

사람들의 불만 섞인 소리에 나까지 불안해졌어. 사람들이 빠져나가고 있는데 우리 줄만 정체되어 있었으니까. 그래도 별수 없었어. 기다리는 것밖에는 답이 없으니까. 이윽고 준비를 마친 외국인 부부가 출구를 향해 걸어 나가고 그제야 나도 출구로 발걸음을 옮길 수 있었어. 남들보다 몇 분 늦게 출구로 빠져나온 나는 맡겨놓은 수화물을 찾고 집에 가는 공항 버스를 타기 위해 정류장으로 향했어.

정류장에 도착해서 버스를 기다리고 있는데, 같은 비행기를 타고 온 사람들이 보였어. 내 앞 좌석에 있던 외국인 부부, 뒤쪽에서 볼멘소리를 내었던 사람들도 보였고, 우리보다 먼저 빠져나간 옆줄의 사람들도 보였어. 몇 분 먼저 빠져나갔지만 결국 우리는 공항버스 정류장에서 모두 만나게 된 거야. 그때 이런 생각이 들었어. 이렇게 공항버스 정류장에서 같이 기다리게 될 텐데 사람들은 왜 단 몇 분이라도 먼저 나가지 못하는 것에 불안해하고 불만을 토해냈던 걸까.

분명 안내방송에서도 비행기가 '완전히' 멈출 때까지 좌석에서 일어나지 말라고 했는데도 사람들은 그 말을 충실히 지킨 외국인 부부에게 노골적인 불만을 입 밖으로 표현하기를 서슴지 않았잖아? 아주 조금이라도 남들보다 뒤처지면 억울해 죽을 것 같은 사람들 마냥 말이지. 나는 물론 다른 사람들처럼 표현하지는 않았지만 의아하게 생각하기는 했어. '왜 나갈 준비를 하지 않고 있지?' 하고 말이야. 어쩌면 별것 아닌 이 생각은 꼬리에 꼬리를 물었어.

왜 나는 당연하지 않은 걸 당연하다고 생각했을까 하고 말이야.

출구가 하나가 아니라
한 대여섯 개쯤 되었다면
사람들은 비행기가
멈출 때까지
자리에 앉아 있지 않았을까?

우리는 너무
'경쟁'이라는 것에
함몰된 것일지도 모른다는
생각이 들었어.
이기는 것만이
절대 가치인 것처럼 말이야.

생각해 보면 비단 비행기에서의 일만은 아닌 것 같았어. 버스에서도 정차 벨을 누르고 버스가 멈출 때까지 자리에서 일어나지 말라고 안내 방송을 하지만 사람들은 정차 벨을 누르기도 전에 일어나서 벨을 누르고 버스 뒷문으로 향하고는 하잖아. 버스 기사님이 위험하니 완전히 멈추고 나서 이동하라고 아무리 말해도 듣는 사람은 별로 못 봤던 것 같아.

그저 우리나라 사람들만이 갖고 있는 특별한 성향의 문제라고 이야기하는 사람들도 있을 테고, 아니면 그게 무슨 문젯거리냐고 별것 아닌 것처럼 치부하는 사람들도 존재하겠지만, 나는 어쩌면 사람들이 너무 '경쟁'에 취약해진 것은 아닌지 생각했어. 남들보다 더 빨리, 더 많이 가져야 한다는 믿음 말이야. 그렇지 못한 사람들은 도태될 뿐이라고 극단적으로 말하는 사람들이 꽤 있잖아.

우리는 그렇게 경쟁에 절여진 것 아닐까?

가끔 서점에 가보면 자기 계발 코너에 '이기는' 것에 관한 책들이 꽤 많이 보이더라고. '이기는 습관', '이기는 사람들', '이기는 방법' 등등 온통 이기는 것에만 집착하는 것처럼 보일 정도로 말이야. 마치 이기지 못하는 건 아무런 가치가 없다는 듯이 말이지. 이겨내고 승리하고 쟁취하지 못하는 건 도태되고 없어지고 사라져야 하는 것처럼.

그건 살면서 마주하는 선택의 순간에도 똑같이 적용되는 것 같아. 남들보다 성공할 수 없는 결정을 내리는 건 어리석고 바보 같은 선택에 불과하다고 사람들은 생각하니까. 남들을 이기고 승리하는 선택만이 옳은 선택이라고, 우리가 해야 할 결정과 선택은 한 가지만을 강요하고 있는 것처럼 느껴지곤 해. 오직 '이기는' 것만이 절대 선이라고 말이지.

'네가 자고 있는 시간에도 당신의 경쟁자들은 일하고 있다.'
'겨우 그 정도로 만족하고 있다면 지금 당장 때려치우는 게 맞다.'
'포기하면 거기서 끝이다. 도망치는 사람들의 비겁한 핑계에 불과하다.'

그렇게 도망칠 곳도 없이 무작정 이기기만 바라는 이 세상에서 우리의 선택과 결정은 한없이 초라해질 수밖에 없다는 생각이 들었어. 이겨야만 하는데 어떻게 다른 선택과 결정이 존재할 수 있겠어. 그저 이겨내고 승리한 사람들의 결정과 선택이 '정답'이 될 수밖에 없는데 말이야. 경쟁에서 승리할 수 있는 선택만이 유일하게 인정받는 가치 있는 결정인데 말이지.

남들보다 빠르게 나가야 하니 안내방송 따위는 무시하고 남들보다 앞줄에 서서 대기하고 있는 게 당연할 테고, 다른 사람들보다 더 많이 노력해야 성공할 수 있으니 남들 자고 쉬는 시간에도 일해야 하는 게 맞는 것이고, 더 좋은 대학, 더 좋은 회사에 들어가야 성공할 가능성이 높으니 치열하게 공부해서 들어가는 것이야말로 '옳은 선택'인 거지. 다른 선택지, 내가 바라는 결정 같은 건 바보 같은 선택이나 어리석은 결정이라고 무시될 수밖에.

그래서 우리는 선택지가 적다고 말할 수밖에 없는 것 아닐까?

하고 싶지 않은 일을
하지 않는 선택.
나의 시간을 헛되이 쓰고
싶지 않다는 결정.
생각해 보면 우리에게는
수많은 선택지가 있는 것
아닐까?
포기도 도망도 선택지 중의
하나일 테니까 말이야.

'도망친 곳에 낙원은 없다'라는 말이 있어. 도망치고 포기하는 건 패배자들의 변명에 불과하다는 이야기 말이야. 물론 나는 이 말에 일부 동의하기는 해. 자신의 할 일을 방관하고 도망가고 아무것도 하지 않는 사람들, 선택이나 결정 자체를 회피하고자 하는 사람들에게 낙원 같은 안식처나 평안한 행복 같은 게 있다면 열심히 최선을 다해 자신의 삶을 마주하는 사람들이 너무 억울할 테니까 말이야.

다만 '포기'라는 선택지는 필요하다고 생각해.

열심히 직장에 다니고 있지만 나를 이유 없이 괴롭히는 직장 상사로 인해 더 이상 버티지 못할 것 같은 사람에게 그래도 버티고 이겨내야 한다는 조언이 맞는 걸까? 비록 중소기업이지만 좋아하는 일을 해보고 싶었던 친구에게 무조건 대기업이 더 낫다는 의견이 과연 그 사람에게 좋은 결정이 될 수 있을까? 하고 싶지 않은 일, 혹은 공부를 그만두고 다른 걸 찾아보겠다는 사람에게 끝까지 포기하지 말고 버티고 이겨내는 것만이 유일한 선택지가 되어야 할까?

하고 싶지 않은 걸 하지 않을 선택. 버티지 않고 내 소중한 시간을 낭비하지 않도록 도망치는 결정. 난 이런 결정들도 자신에게 선택지로 남아 있어야 한다고 생각해. 무엇인가를 하지 않는 선택, 포기도 도망도 나를 위한 최선의 선택이 될 수 있을 테니까 말이야. 선택의 기준이 '이기는 것' 한 가지만 되는 것보다야 더 많은 결정의 기준이 되는 것이 더 좋지 않을까? 다다익선이라는 말처럼 말이지. 선택지는 많을수록 좋은 거니까.

이제부터 비행기나 버스가 완전히 멈출 때까지 일어나지 않아 보기로 했어. 포기하고 싶을 때는 포기하고, 도망쳐야 할 때는 도망쳐 보기도 하려고 해.

나는 내가, 그리고 우리가 가끔은 '포기'라는 선택을 할 수 있기를 바라니까 말이야.

2단계

낯설게 생각하고
다르게 바라보기

: 선택의 기로에서 반드시 마주해야 하는 고민들

조금은 남들과 다르게 세상을 바라보기로 결심했어.
사실 생각해 보면 내가 느꼈던
불안과 두려움이 꼭 나쁜 것만은 아니었던 것 같아.
어쩌면 남들과 같은 방향을 바라보지 않아도
괜찮지 않을까?

7장

스톡데일 대령은 어떻게 혼자 살아남을 수 있었을까?

어떻게 포로수용소 생활을 견뎌낼 수 있었습니까?
생환의 비결은 무엇이었습니까?
원래 밝고 긍정적인 성격이셨습니까?

… 긍정적이었던 제 동료들은 모두 죽고 말았죠.

- 스톡데일 패러독스

베트남 전쟁 당시 수많은 미군이 베트남의 포로로 잡혀 종전되기도 전
에 포로수용소에서 죽어갔던 그 시기.

'제임스 스톡데일'이라는 장교가 7년이 넘게 포로수용소에 수감되어 있
다가 무사히 생환할 수 있게 되었다고 해.

정말 영화 같은 일이지?

전쟁의 열악한 상황을 볼 수 있는 영화이니 한번 보십쇼
크리스찬 베일이 주연이었음....

크리스찬 베일의 잘생김을 보려다가 전쟁의 추악함을 엿본 영화...

그정도로 꿈과 희망이 없는
상황을 볼 수 있는데
스톡데일은 어떻게 살아남은 걸까?

기자들은 스톡데일에게 앞다투어 생환의 비결을 물었지. 대부분의 미군 포로가 수용소 생활을 견디지 못하고 고국으로 돌아올 수 없었으니까.

다들 그가 살아 돌아온 것에는 특별한 이유가 있었다고 믿었지. 기자들은 어쩌면 스톡데일 대령이 굉장히 긍정적인 성격의 소유자가 아닐까 라고 생각했어. 타고난 성격이 그렇지 않다면 분명히 버티지 못했을 테니까 말이야.

하지만 돌아온 그의 대답은 기대했던 것과는 전혀 달랐어.

희망을 품고 반드시 생환할 수 있다는 믿음으로 충만할 줄 알았던 그는 그저 냉정하게 현실을 인식하고 묵묵히 하루하루를 버텨냈을 뿐이라고 말했어.

2단계 : 낯설게 생각하고 다르게 바라보기

오히려 금방 구출될 것이라고 믿고 희망에 찬 말로 사람들을 다독이던 동료들은 수감 기간이 길어질수록 점점 더 비관적으로 변해갔고, 결국 견디지 못하고 고국으로 생환하지 못했다고 해.

심리학에서는 이 사건을 스톡데일 패러독스(Stockdale paradox)라고 부르며 막연한 긍정의 태도는 진짜 긍정의 태도와는 다르다는 사례로 회자되고 있어.

그저 막연하게 잘될 것이라고 이야기하는 건 진짜 긍정의 자세가 아니라고 말이야.

우리는 '긍정'이라는 말을
오해하고 있다.

『긍정』
: 그렇다고 인정함
: 사물의 존재 방식을 그대
  로 승인하는 것
: 그러하다고 생각하여 옳다
  고 인정함

대부분의 사람들은 이 '긍정'이라는 말을 '앞으로 좋아질 것이라는 기대'
라는 뜻으로 알고 있지만 사전적 의미로써 '긍정'은 좋아질 것이라는 의
미가 아니야.

사전적 의미의 '긍정'은 사실 그대로를 인정하고 받아들이는 것이라는
거지. 막연히 잘될 것이라는 건 가짜 긍정이라는 거지.

2단계 : 낯설게 생각하고 다르게 바라보기

"좀 더 긍정적으로 생각하고 결정하면 좋잖아"

"너는 왜 매사가 부정적이야?"

사람들과 이야기를 나눌 때마다 자신을 긍정의 화신쯤으로 생각하는 이들이 늘 이런 말을 꺼내고는 하더라고. 일단 잘될 거로 생각해야지. 시작부터 실패를 걱정하면 될 일도 되지 않는다고. 매사에 긍정적으로 생각하고 결정하라고 말이지.

마치 실패를 생각하는 사람들은 삐딱하고 부정적인 사람의 표본인 양 취급하곤 해.

2단계 : 낯설게 생각하고 다르게 바라보기

어쩌면 우리는
'가짜 긍정'에
속아왔던 건 아닐까?
그저 잘 될 거라는 믿음은
반쪽짜리 긍정에
불과한데 말이다.
그래서 우리는 조금 더
'긍성'적일 필요가 있다.

선택과 결정의 순간에서 막연한 믿음이 방해될 때가 있는 것 같아.
때로는 냉정하게 현실을 받아들여야 할 때에도 그저 잘될 거라는 믿
음 하나로 선택을 밀어붙이거나 강요받는 경우가 수없이 많이 일어나기
도 하니까 말이야.

2단계 : 낯설게 생각하고 다르게 바라보기

더 이상 버틸 수 없으니 무작정 이 회사를 때려치우고 나가면 길이 보일 거라는 이 순진하지만, 무식한 믿음이 긍정적인 생각으로 포장되는 경우를 많이 봤으니까. '미생'이라는 드라마에서도 나오잖아?

"회사는 전쟁터라고? 밖은 지옥이다."

— 드라마 〈미생〉 中

여의치 않다면 버티는 것도, 결정이 쉽지 않다면 포기하는 것도 옳은 결정일 수 있다고 생각해. 냉정하게 지금을 받아들이지 못한다면 그건 어린아이와 다를 바 없지.

그래서 '가짜 긍정'이야 말로 결정의 순간에 반드시 걸러야 할 감정이라고 생각해.

2단계 : 낯설게 생각하고 다르게 바라보기

너무 신중한 태도는 결정의 순간에 악으로 작용할 수 있듯이, 막연한 믿음을 선택의 근거로 사용하면 후회 정도로 끝나지 않을 수도 있으니까 말이야.

어떨 때는 최선의 선택만을 고집할 필요는 없을 것 같아.

최악을 벗어나는 것, 차선이나 차악을 목표로 결정하는 것도 중요하지 않을까?

세상은 동화가 아니니까.

2단계 : 낯설게 생각하고 다르게 바라보기

절망은 희망보다
솔직하다.
최소한 절망은
한 번 준 것을
다시 빼앗아 가지는 않으니.

- 쇼펜하우어

8장

**왜 그 남자는
정비소에 바로
전화하지 않았을까?**

우리는 때로 친밀감으로
진짜로 아는 것과 가짜로 아는 것을
착각하기도 한다.

"그냥 정비소에 연락하는 게 나을 것 같은데?"

"잠시만 기다려 봐."

한적한 도로 갓길에 자동차 한 대가 서 있었어. 차에서는 연기가 나고 있었고, 부부로 보이는 한 쌍의 남녀가 앞에서 작은 실랑이를 벌이고 있었지. 남자는 연기가 나는 차의 보닛을 열어 연기를 손으로 휘휘 저어 걷어내며 유심히 살펴보고 있었고, 아내는 뒤에서 걱정스러운 눈빛으로 차와 남편을 바라보고 있었어.

"그냥 정비소에 빨리 연락하자. 오빠가 정비공도 아닌데 본다고 뭘 알아?"

"냉각수가 없을 수도 있는 거고. 내가 이 차를 10년이나 타고 다녔는데 나도 대충 알지. 내가 일단 먼저 보고 나서 연락해도 안 늦어."

남자는 조금 짜증이 난 듯이 아내에게 대답하고 나서 차를 다시 이리저리 살펴보았어. 결국 10분이 넘어서야 남자는 핸드폰을 꺼내 들었어.

"○○보험사죠? 지금 차가 고장이 나서 출동 부탁드립니다."

부부는 정비소 차를 타고 근처 정비소로 이동하면서 남편에게 차가 어디가 고장 난 건지 알겠냐고 물었지. 최대한 남편이 기분이 상하지 않도록 조심하면서 말이야. 남편은 멋쩍은 듯 이렇게 대답했어. 잘 모르겠더라고 그냥 열어보면 알 것 같은 느낌이 들었다고 말이지.

사람들은 꽤 자주
착각하고는 해.
자신이 자주 보고 친밀하다고
느끼는 것들을
잘 알고 있다고 믿어버리지.
사실은 친한 것과
잘 안다는 건 완전히
다른 건데도 말이야.

혹시 '메타인지'라는 말을 들어본 적 있어? 너무 어려운 말이라 나도 잘 이해는 못하지만 쉽게 설명해 보자면 인지 위에 인지, 그러니까 나를 바라보는 더 큰 나의 자아를 뜻하는 개념이라고 해. 내가 무엇을 잘 알고 어떤 것을 잘할 수 있는지 판단하는 자기 인지 능력. 그걸 '메타인지'라고 부른다는 거야.

이 메타인지를 통해 인간은 컴퓨터보다 더 뛰어난 점이 하나 있다면 '아는 것'과 '모르는 것'에 대해서 컴퓨터보다 훨씬 더 빠르고 정확하게 인식한다는 거야. 컴퓨터는 자신이 모르는 것을 인지하기 위해 자신의 데이터베이스를 모두 확인한 후에야 결론을 내릴 수 있지만 우리는 0.1초도 걸리지 않는다는 거지.

예를 들어보면 옆집에 누가 살고 있는지 알고 있냐는 질문에 인간이라면 0.1초 만에 "아니, 모르지."라고 대답할 수 있지만, 컴퓨터에 동일한 질문을 한다면 이웃집에 대한 정보를 알고 있는지 없는지 메모리 안에 모든 정보를 검색해 보고 난

2단계 : 낯설게 생각하고 다르게 바라보기

후에야 "모른다"라는 대답을 할 수 있다는 거지.

그런데 이 '메타인지'라는 감각은 '친밀함'이라는 감정에 크게 좌우된다고 해. 오래 보고 익숙한 것. 그러니까 자신이 친한 대상이라고 생각하는 걸 '잘 알고 있는 것'이라고 착각하게 만들기도 한다는 거야. 앞의 사연의 자동차의 주인처럼 말이야.

10년 넘게 타고 다닌 자신의 자동차다 보니 남자는 자기가 이 차에 대해 잘 알고 있다는 착각에 빠져버린 거야. 냉각수도 갈아주고 엔진오일도 수시로 갈아줬기 때문에 왠지 내가 잘 알고 있을 것 같다고 생각하게 돼 버리거든. 하지만 보닛을 열면 곧 깨닫고 말아. '아 난 정비공이 아니지.' 하고 말이야. 너무 바보 같은 일 아니냐고? 어쩌면 생각보다 우리 일상에서 더 많이 일어나고 있는 일일지도 몰라.

생각해 보면 주변에 꽤 이런 일을 많이 보았던 것 같아. 특히 경험이 많은 사람들일수록, 자기 능력을 과신하는 사람들일수록 말이지. 오랫동안 한 회사에 근무하신 분일수록 이런 이야기들을 하시는 분들이 꽤 있거든.

"내가 이 일만 20년이야. 웬만한 건 다 알지. 내 경력이 얼마인데."

사실 틀린 말은 아닐 거야. 오랜 경험이 있는 사람이 경험이 적은 사람보다 더 많은 걸 알고 있는 것이 당연할 테니 말이야. 하지만 그 사람이 다른 사람보다 '모든 것'을 더 많이 알고 있다는 건 착각이 아닐까? 앞의 이야기 남편처럼 말이야. 10년 동안 차를 몰았다고 해서 1년의 경험을 가진 정비공보다 그 차의 구조에 대해 더 많은 걸 알고 있다는 건 아닐 테니까 말이야.

이런 예는 비단 직장이나 사회에서만 경험하는 건 아니야. 친구나 지인, 가족 중에서도 이런 경우가 종종 있어. 나이가 많다는 이유나 선배라는 이유 하나로 너보다 내가 더 많이 알고 있다는 착각에 빠져서 자신의 주장을 고집하거나 무

2단계 : 낯설게 생각하고 다르게 바라보기

레를 범하는 경우들도 종종 있으니까. 우리가 '꼰대'라고 부르는 경우의 사람들 말이야. 가장 피해야 할 부류의 사람들이야. 자신의 경험만이 유일한 진실이고 자신과 친밀하게 연결되어 있는 것만이 옳다고 믿는 착각으로 세상을 살아가는 사람들이니까.

이런 착각은 살면서 마주하는 선택과 결정의 순간을 방해하기도 해. '내가 이건 잘 알고 있다'라는 착각 말이야. 조금만 깊이 생각해 보면 자신이 제대로 모르고 있다는 걸 분명히 알 수 있을 텐데, 그걸 쉽게 발견하지 못하고는 아니야. 그리고 그건 비단 내가 '꼰대'라고 부르는 일부 사람들에게만 국한되는 건 아닌 것 같아. 솔직히 말하자면 나도 내가 친밀하게 느낀 것들을 내가 잘 알고 있다는 착각에 빠지기도 하니까.

지피지기면 백전불태

적을 알고 나를 알면
백 번 싸워도
위태로워지지 않는다.

- 손자병법 중에서

적을 알고 나를 알면 백 번 싸워서 백 번 이긴다는 뜻의 지피지기면 백전백승이라는 말이 있어. 그런데 사실은 백전백승이 아니라 백전불태가 맞는 말이라고 해. 백전백승은 잘못 알려진 말이라는 거야. 전쟁에서 적도 알고 나도 알면 무조건 이긴다는 말이 아니라 지지 않는다는 뜻이 원래 손자병법에 적혀있는 뜻이라는 거지.

우리가 마주하는 선택의 순간에서도 꼭 필요한 이야기지 않을까 싶었어. 잘 알지도 못하면서 아는 것이라며 자신을 속이면서 판단하고 결정할 때 우리는 후회하는 결정을 하고 나는 실수를 종종 범하니까.

선택할 때는 아는 건 안다고, 모르는 건 모른다고 인정할 수 있어야 좋은 결정을 내릴 수 있을 거라는 생각이 들었어. 나를 아는 것, 그리고 내가 당면한 문제에 대해 정확히 알고 있는 것. 그리고 어떤 선택이 나에게 좋은 선택인지 충분히 고려해 볼 수 있어야 한다는 생각이 결국 후회하지 않는 결정을 만들어 낸다고 말이야. 그래야만 내가 나중에 위태로워지지 않을 테니까. 조금 더 '메타인지'를 믿어보자고 결심했어. 내가 모르는 걸 알고 있다고 착각하고 있을 때, 내 메타인지는 이렇게 말해주겠지. "너 그거 몰라. 아는 척 하지마."라고 말이야.

앞으로는 차가 고장 났을 때 누가 보닛을 열어보려고 하면 꼭 이렇게 이야기해 주려고.

"너 열어 봤자 모르잖아. 차라리 잘 알고 있는 정비소에 전화하는 게 빠를 거야."

9장

왜 사람들은
오른쪽 종이보다 왼쪽 종이에
훨씬 더 많이 썼을까?

대부분의 사람들은
나를 탓하는 자책이
훨씬 더 편하다고 느끼는 것 같다.

"지금 책상 위에 두 장의 종이가 보이시죠? 왼쪽 종이에는 자신이 부끄러워하는 점, 고치고 싶은 것들을 적어주시면 됩니다. 그리고 오른쪽 종이에는 자랑스러운 점, 앞으로도 지키고 싶은 것들을 적어주시면 됩니다. 총 5분의 시간을 드릴게요. 그럼 적어주세요."

앞에 있는 연구원의 이야기에 남자는 종이에 적기 시작했어. 왼쪽 종이에는 내가 고쳐야 할 단점들을, 오른쪽 종이에는 내 장점들을 말이지. 처음에는 양쪽 종이에 번갈아 가며 생각나는 것들을 적어 가기 시작하던 남자는 2분이 지난 시점부터 고개를 들어 천장을 바라보거나 볼펜을 입에 물고 고민하는 모습을 보이기 시작했어. 그리고 5분이 지나자, 연구원이 종이를 수거해 갔어.

연구원은 수거된 왼쪽 종이와 오른쪽 종이를 번갈아 살펴보더니 왼쪽 통과 오른쪽 통에 나누어 담았어. 왼쪽 통과 오른쪽 통에는 다른 사람들이 작성한 종이들로 가득 차 있었지. 연구원은 수거함을 끌고 방 밖으로 나가며 짧게 한마디를 내

뱉었어. 읊조리듯 말이야.

"역시 이번에도 비슷하네. 다들 왜 단점만 많이 쓰는 거야?"

이 이야기는 2017년 스탠퍼드 대학에서 진행된 사회 실험으로 200여 명의 성인 남녀를 대상으로 진행되었다고 해. 당시 실험 결과는 왼쪽 종이, 그러니까 자신의 단점을 적은 종이가 자신의 장점을 적은 오른쪽 종이보다 2.5배 이상 많았니꼬 해. 즉 자신의 장점보다 단점을 적은 사람들이 압도적으로 많았다는 거지.

그러고 보면 나도 실험에 참여한 사람들과 다르지 않은 것 같아. 내가 이 실험에 참여했어도 왼쪽에 쓸 말들은 엄청 많았을 것 같지만 오른쪽 종이에는 몇 줄 쓰다가 포기할 것 같았거든. 내 단점을 적기는 너무 쉬운데, 내 장점은 떠오르지가 않으니까 말이야.

그런데 문득 이런 생각이 머리를 스쳐 지나갔어.

왜 나를 비롯한 수많은 사람은 단점을 말하는 게 더 편한 걸까? 자책이 더 쉬운 걸까?

우리는
반성과 자책을
착각하고는 한다.

잠들기 전 오늘 하루를 돌이켜 보며 일기를 써 보자고 결심했던 적이 있었어. 오늘 하루 나는 어땠는지 잘못한 일이나 좋았던 걸 적어 보자고 말이야. 자기반성 같은 거랄까? 더 괜찮은 내가 되기 위해서 일기를 쓰는 습관을 가져보자고 말이야. 나를 돌아보는 반성과 성찰의 시간을 가지면 좋다는 이야기를 어디서 들었던 것 같아. 큰 고민 없이 시작했었지. 오늘 한 일들을 돌아보고 스스로를 반성하며 적어나가는 일기를 쓰며 처음 며칠간은 괜찮았던 것 같아. 왠지 모르게 더 괜찮은 사람이 된 것 같고 말이야.

그런데 반성이라는 것에 너무 치우쳐서일까? 일기를 계속 쓰면 쓸수록 내가 잘못한 일들만 찾아 적느라 골몰하는 날이 많아지기 시작했어. '오늘 내가 뭘 잘못했더라?', '오늘 내가 반성할 건 뭐였더라?'라는 생각만 들었지. 그럴수록 내 안에서는 이런 생각들이 싹트기 시작했어.

'난 뭐가 문제지?'
'나를 어떻게 바꿔야 하지?'

분명 내가 잘한 일도, 스스로 대견해할 만한 일도 있었을 텐데 난 내가 실수하거나 잘못했던 것만 끊임없이 파고들었던 것 같아. 그리고 어떻게든 나를 탓하고 변해야만 한다고 스스로를 몰아붙이고 있었어. 나를 탓하고 자책하기를 반복했어. 반성은 그런 거니까 말이야.

그러던 어느 날, 오랜만에 만난 지인과 일기에 관한 이야기를 나누게 되었어. 가만히 내 이야기를 듣던 그 지인이 한마디 하더라고.

"그거 반성이 아니라 그냥 자책하는 것 같은데요? 억지로 잘못한 일만 자꾸 들춰내는 것 같아서요."

그럴 수도 있겠다 싶었어. 그 지인의 말을 듣고 나니 말이야. 나는 반성하고 있었다고 생각했는데, 어쩌면 자책만 하고 있었던 것 아닐까? 어떤 문제를 마주했을 때 그저 내가 얼마나 부족한 사람인지만 끊임없이 일기에 적고 있었을 뿐이니까. 나를 탓할 뿐 변하거나 다른 생각은 하지도 않았으니까 말이야. 마치 자책에 절여지고 익숙해져 버린 사람처럼. 나는 내 탓만 하고 있었던 게 맞았으니까.

배려와 눈치는 상대를
생각한다는 점에서
같다고 볼 수 있지만
사실 큰 차이가 있어요.
배려는 내가
남들에게 하는 것이고
눈치는 남들에게
내가 보는 거죠.

- 정신의학과 양재웅 교수

그래, 맞아. 배려와 눈치의 차이는 한 끗 차이인 것 같아. 배려는 내가 해주는 거고, 눈치는 남들에게 내가 보는 것이라는 말이 너무나도 와닿았어. 배려해 주는 것과 눈치 보는 것은 같은 모습으로 비추어지겠지만 내가 느끼는 건 너무나도 정반대일 거라는 생각이 들었어.

어쩌면 반성과 자책의 차이도 그런 것 아닐까? 반성과 자책은 배려와 눈치처럼 내가 하는 것과 남들에게 보이는 것의 차이와 같은 것 아닐까?

내가 진짜 반성하고 있다면 내 선택과 결정은 지금까지와는 달라졌을 거라고 생각해. 지금껏 반성하는 척 자책하고 있었던 나는 그저 부족하고 못난 나를 어떻게 바꿔야 할지만 고민했으니까 말이야. 아니 심지어 어떤 결정도 내리지 못했을 때도 많았지. 내 탓으로 돌리고 나면 내가 내릴 선택의 방향이 딱 한 가지뿐이니까. '그냥 내가 잘못한 거니까 나만 바꾸면 돼.'라는 선택밖에는 답이 없을 테니까.

어쩌면 지금 내가 마주한 선택의 순간에서 내리는 결정이 좋은 결정이냐 올바른 선택이냐는 중요하지 않은 것 같아. 내가 나를 정확하게 인식하고 있지 않다면 말이야. 내가 배려하는 중인지, 눈치 보는 중인지, 내가 자책하고 있는지 반성하고 있는지 제대로 파악하지도 못하면서 내리는 선택과 결정은 결국 나를 후회하게 만들 게 뻔하니까.

앞으로는 눈치 보기보다는 배려해 주는 입장에 서 보려고 해. 반성하는 척 자책에 빠지지 않으려면 말이야. 남들에게 보이기 위해 하기보다 내가 주체가 되어서 선택할 수 있도록 말이지. 그래야 결정의 순간에서 오롯이 나를 위한 결정을 할 수 있지 않을까?

눈치 보고 자책하는 나는 타인에게 보이기 위해서 선택하는 것 다름 없으니까.

10장

왜 지켜보던
사람들이
더 고통스러워했을까?

사람들은 자신이 직접 경험한 고통보다
경험해 보지 못한 고통을 더 크게 느낍니다.
'불안'이라는 감정 때문에 말이죠.

- 제이미 L. 루디

여기 한 무리의 사람들이 삼삼오오 모여있어. 특별한 것 하나 없는 이 사람들이 모여있는 이유는 어떤 '실험'을 하기 위해서였어.

이 사람들은 곧 세 팀으로 나뉘어 연구원의 지시에 따라 각자의 방으로 이동하기 시작했어. 다들 구체적으로 이 실험이 어떤 것인지는 잘 모르는 듯했어. 그저 연구원의 지시에 따라 이동해서 실험을 기다리고 있을 뿐이었지.

2단계 : 낯설게 생각하고 다르게 바라보기

첫 번째 방의 사람들에게 연구원이 말했어.

"앞에 놓여있는 기계에 손을 대주세요. 그 기계는 전기충격기입니다. 따끔할 순 있지만 건강에 무해하니 안심하셔도 됩니다."

사람들은 긴장했지만 연구원의 말을 믿었어. 이후로 3번이 전기충격이 시간 간격을 두고 더 진행되고 나서야 실험은 끝이 났지.

물론 공식적인 실험으로, 건강에 무해한 전기충격 실험이었다고 하지만 고통까지 피할 수는 없었어. 찡그리는 사람, 소리 지르는 사람. 그저 담담히 받아들이는 사람 등등 전기 충격에 사람들의 반응은 제각각이었어.

두 번째 방 사람들에게는 별다른 지시 사항이 없었어. 다만 첫 번째 방과 연결된 창문으로 사람들의 모습을 지켜볼 수 있도록 장치가 되어 있었지. 연구원은 담담히 이야기했어.

"첫 번째 방의 사람들에게 3번의 전기충격이 가해질 겁니다. 여러분들은 그저 지켜보시면 됩니다."

첫 번째 방 사람들을 두 번째 방 사람들은 그저 지켜볼 뿐이었어. 물론 그다지 즐거운 일은 아니었을 거야. 타인의 고통을 바라본다는 건 말이지.

2단계 : 낯설게 생각하고 다르게 바라보기

세 번째 방에 들어간 사람들에게는 어떠한 지시 사항도 없었어. 그저 잠시 후 실험이 진행될 거라는 말과 함께 첫 번째, 두 번째 방 사람들과는 다르게 '아무것도' 지시하거나 요구하지 않았어.

그리고 첫 번째 방의 사람들에게 가해졌던 세 번의 전기충격이 끝나고, 세 그룹의 사람들에게 공통의 지시 사항이 전달되었어.

"앞에 기계에 손을 올려주세요. 약간의 전기충격이 가해질 겁니다. 그 고통의 강도를 앞에 설문지에 적어주시면 됩니다."

이 이야기는 뇌과학자 제이미 L. 루디와 메리 W. 메거 박사가 발표한 불안과 두려움에 대한 논문에 나오는 실험 이야기야. 이 세 그룹 중 어떤 그룹이 가장 고통스러웠다고 이야기했을까? 세 번이나 전기충격이 가해졌던 첫 번째 그룹? 아니면 아무것도 몰랐던 세 번째 그룹?

놀랍게도 가장 고통스럽다고 이야기한 그룹은 첫 번째 그룹의 전기충격 실험을 보고만 있던 두 번째 그룹이었어.

2단계 : 낯설게 생각하고 다르게 바라보기

그리고 가장 고통의 강도가 약했다고 설문지에 작성한 그룹은 전기충격을 세 번이나 경험했던 첫 번째 그룹이었지.

이 실험은 불안과 두려움이 인간에게 어떤 영향을 미치는지 잘 보여주는 사례로 인용되고는 해.

인간이 얼마나 '불안'이라는 감정에 취약한지 말이야.

사람들은 왜 '불안'이라는
감정 앞에서
속수무책일 수밖에 없을까?

『불안』
: 불쾌한 정서적 상태 또는
  안도감이나 확신이 상실된
  심리상태
: 예측되지 않는, 불확실성이
  증가되었을 때 느끼는 감정

- 심리학 용어 사전

우리가 '불안'이라고 말하는 이 감정은 '불확실성'이 커지면 커질수록 더 두드러진다고 해. 어떻게 될지 예측할 수 없는 상황에서 우리는 더 '불안'해진다는 거지. 내가 한 이 선택이 어떤 결과를 낳을지 알 수 없으니까 말이야.

경험해 본 적 없는 상황일수록 더욱더 '불안'이라는 감정은 커질 수밖에 없을 거야. 예측할 수 없다는 건 지금껏 경험해 보지 못했다는 거니까. 가늠이 되지 않는 거지. 그래서 '불안'이라는 감정을 사람들은 본능적으로 두려워할 수밖에. 앞에 이야기한 실험의 두 번째 그룹 사람들처럼 말이야.

'불안'이라는 감정이 진짜 무서운 이유는 불안할수록 고통, 외로움, 슬픔, 우울감 같은 부정적인 감정들이 더 증폭된다는 거야. 평소라면 그냥 지나쳤을지도 모를 부정적인 감정들이 불안하면 할수록 더 아프고, 더 외롭고 더 슬퍼진다는 거지.

그렇게 불안에 휩싸여버린 우리는 종종 평소라면 하지 않을 바보 같은 결정을 하기도 해. 이게 맞나 싶은 선택을 하기도 하고 말이야. 불안할수록 막막함이나 막연한 두려움이 더 커질 테니까.

지금 당장 멈춰야 하는 선택의 기로에서도 멈추지 못하고, 버티고 참아야 하는 결정의 순간에서도 '불안'이라는 감정이 발목을 잡고는 하니까 말이야.

나 역시도 살면서 수많은 결정의 순간에 이 '불안'이라는 감정을 떨쳐버리기가 어려웠어. 아니 지금도 이 '불안'이라는 감정에 마구 휘둘리고 있지. 아직도 어떤 선택을 해야 하는 순간이 찾아오면 불안에 떨며 바보같은 선택을 하니까 말이야.

2단계 : 낯설게 생각하고 다르게 바라보기

힘들게 들어간 직장에 사표를 던질 때도, 프리랜서 만화가를 시작할 때도 말이야. 이 선택을 후회할까 봐 언제나 불안했었어. 심지어 내가 항상 원하고 꿈꾸었던 선택을 할 때도 말이야.

아마 웹툰 작가를 꿈꾸는 사람이라면 '네이버만화'에 연재한다는 건 자신의 꿈이자 목표일 거야. 그만큼 작가로서 인정받았다는 걸 증명하는 것일 테니까. 네이버에 연재가 결정되었을 때, 감출 수 없을 만큼 기뻤어. 지금껏 살면서 내가 선택한 결정 중에 만화가라는 직업을 선택한 게 가장 잘한 선택이라고 느껴질 만큼 말이야.

하지만 연재를 시작하고 나서 얼마 지나지 않아 나의 이 굳은 마음은
조금씩 금이 가고 말았어.
한 줄의 댓글 때문에 말이야.

"마음 단단히 먹어야 해."
"별것 아니라고 생각해야 해. 그 정도로 불안해하면 너만 힘들어질
거야."

2단계 : 낯설게 생각하고 다르게 바라보기

주변의 사람들은 내게 이겨내라고 불안해하지 말라고, 흔히 있는 일이니 마음 쓰지 말라고 이야기 해. 생각해 보면 별것 아닌 일인 것 같기도 해. 이전에 SNS나 다른 채널에서 연재했을 때도 이런 일들을 겪어 봤으니까.

하지만 내 생각과 다르게 나의 마음은 걱정과 불안으로 가득했어. 사실 이런 반응은 내 예상에는 없었던 반응이었거든. 앞으로도 내가 예상 못한 독자들의 반응과 생각지도 못했던 비난과 비판이 이어질지도 모른다는 생각에 이겨내야 한다고, 댓글을 읽어보지도 말고 마음을 편안히 가시라는 사람들의 조언은 귀에 들어오지 않았어.

남들에게는 별것 아닐지 모를 그 댓글 한 줄이 나에게는 눈덩이처럼 커져만 갔지. '불안'하다는 마음으로 말이야.

어쩌면 이 '불안'이라는 감정은 살면서 평생 내가, 그리고 우리가 안고 가야 할 멍에 같은 건 아닐까? 삶에서 우리는 앞으로도 수많은 결정의 순간과 선택의 기로 앞에 서게 될 테니까 말이야. 그리고 그 수 많은 순간과 기로에 설 때마다 '불안'이라는 감정을 마주하게 되겠지.

그때마다 선택은 어려울 테고 결정은 두렵기만 할 거야. 그리고 또 어리석은 선택을 하게 될지도 모르지. 불안한 만큼 말이야.

고통을 모르는 즐거움은
존재하지 않는다.
실패와 좌절 없이 행복은
너를 찾지 않는다.
왜 당신의 인생이 행복해야
한다고 생각하는가?

- 쇼펜하우어

그래 맞아. 어쩌면 쇼펜하우어의 말처럼 우리는 우리의 삶이 너무 행복해야 한다고 착각 아닌 착각을 하고 살았던 것일지도 모르겠어. 그래서 내 선택이, 우리의 결정이 막연히 두렵고 불안했던 것 아닐까?

내 결정이 나를 불행으로 이끌어서는 안 되니까 말이야. 그 선택으로 어떤 결과를 맞이하게 될지도 모르면서 말이지. 그저 막연한 두려움 때문에 말이야.

2단계 : 낯설게 생각하고 다르게 바라보기

그런 막연한 두려움, 불안이 찾아오면 앞서 이야기한 실험을 떠올려 보았으면 해.

가장 고통의 크기가 작았다고 느낀 사람들은 아무것도 모르는 세 번째 그룹도, 옆에서 보기만 했던 두 번째 그룹도 아닌, 직접 고통을 체험했던 첫 번째 그룹의 사람들이라는 걸.

우리가 겪는 삶의 고통은 겪고 나면 사실 별것 아닐지도 모른다는 사실을 말이야.

그 실험의 논문 결과는 이랬어.

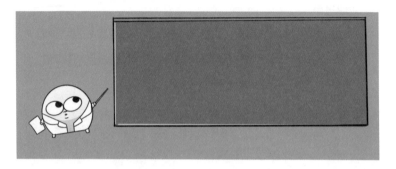

"사람들은 이미 경험한 고통에 대해 대응할 내성을 가진다. 오히려 경험하지 못한 막연한 두려움이 불안을 느끼고, 불안은 통증의 반응을 높인다."

우리가 겪을 고통은 우리의 생각이 만들어낸 착각이라고 생각해 보면, 우리는 차라리 고통을 직접 겪는 선택을 하는 게 더 좋을지도 몰라. 사람들은 경험하지 못한 고통을 더 크게 느끼곤 하니까. 그게 '불안'이라는 감정이니까 말이야.

그러니까 겪어보지도 못한 고통 때문에 불안할 바에야 두려워도 고통을 직접 마주하고 경험해 보는 게 훨씬 더 낫지 않겠어? 불안 때문에 우리의 결정적 순간을 어리석은 결정과 바보 같은 선택으로 채우고 후회하는 것보다는 말이야.

'가짜 불안' 때문에 쫄지만 않으면 돼. 그럼 우리가 마주할 결정의 순간에 조금 더 자유로워질 수 있을 거야. 그리고 그 선택은 조금 더 '나'를 위한 선택이 될 수 있을 거야.

11장

사이코패스일수록
더 격렬하게
사랑의 감정을 느낀다고요?

사이코패스의 특징은
'무애착형' 인간이라는 거예요.
그들이 애착하는 건 자기 자신밖에 없어요.

- 인지심리학자 김경일 교수

"흔히 우리가 사이코패스라고 부르는 유형의 인간들은 공감의 감정에 취약한 사람들을 말하죠. 나와 타인의 유대관계에 취약하다는 말이에요. 오직 '나'만 생각하는 거죠. 내 이익을 위해서는 타인을 짓밟고 무시하고 심지어 해를 가해도 상관없다는 식인 거예요."

강단 위에 선 교수의 말이 끝나자 한 학생이 조용히 손을 들고 질문했어.

"교수님, 그럼 사이코패스는 사랑이라는 감정을 느끼지 못하는 유형의 사람인 건가요?"

교수는 학생의 말이 끝나기가 무섭게 말했어.

"아니요. 오히려 사이코패스 성향의 사람들이 일반인보다 '사랑'을 더 강렬하고 예민하게 느낍니다."

학생은 의아한 듯 고개를 갸웃거렸어. 그리고 교수는 천천히 말을 이어 나갔지.

"'사랑'이라는 감정은 상호 소통에서 일어나는 따뜻하고 온화한 감정이라고 생각하지만, 사실 '사랑'이라는 감정의 본질은 강렬하고 휘발되기 쉬운 감정에 가까워요. 누군가를 만나서 사랑할 때 강렬한 끌림과 그만큼의 강한 소유욕을 '사랑'의 감정이라고 생각하는 것처럼 말이죠."

"우리가 누군가에게 호감을 느낄 때 우리 뇌에서는 '도파민'과 '페닐에틸아민'같은 강력한 호르몬이 분비됩니다. 아주 강력한 신경 물질이죠. 이 호르몬들은 기분을 좋게 만들고 강한 흥분상태를 유지하게 만듭니다. 상대를 생각할 때 가슴이 막 두근대고 이 사람이 없으면 죽을 것 같은 감정을 느끼게 만드는 거죠."

"사이코패스들은 이 강력한 감정 상태를 좋아하는 거예요. 강한 자극에 민감하게 반응하는 것과 같은 거죠. 하지만 이런 강력한 감정 상태가 그리 오래갈 수는 없겠죠."

2단계 : 낯설게 생각하고 다르게 바라보기

잠시 숨을 돌린 교수는 다시 말을 이어 나갔어.

"그 강렬한 자극의 기간이 지나고 나면 금세 그들의 감정이 식어버리는 거죠. 다시 평소의 감정 상태로 돌아온 그들에게 더 이상 '사랑'이라는 감정은 의미가 없는 거죠. 하지만 보통의 평범한 사람들은 강렬한 감정이 지나갔다고 해서 상대에 대한 감정이 사라지지 않죠. 오히려 안정감, 편안함 같은 감정으로 그 사람에 대한 '애착'이 생기기 마련이니까요. 몇십 년의 결혼을 유지한 노부부들이 느끼는 그런 감정 말이에요. 사이코패스에게 없는 감정이 바로 이 '애착'입니다. 상대가 안 보이면 걱정되고, 밥은 먹었는지 염려가 되는 그런 감정 말이죠."

교수는 목소리를 가다듬으며 힘을 주어 결론을 짓듯 말했어.

"그래서 사이코패스를 정의할 때 '무애착증'이라는 말로 정의하기도 해요. 그들에게 애착은 중요하지 않거든요. 지금 당장 나를 기분 좋게 만들어 줄 감정 빼고는 말이에요. 그래서 우리에게는 애착이 필요해요. 상대를 걱정하고 신경 쓰는, 자극적이지는 않지만 오래 지속 가능한 감정 말이죠."

사람들은 사랑이
필요하다고 말하지만
사실 사랑보다 더 필요한 건
애착이라는 감정 아닐까?

사람들은 뜨겁게 열정적으로 사랑하는 삶을 살아야 한다고 말하고는 해. 비단 사람과 사람 사이의 관계뿐만 아니라 자기 일이나 꿈, 목표 같은 것에도 말이야. 열정적인 삶, 자신의 목표를 향해 최선을 다하며 꿈과 일을 사랑하는 삶을 살라고 말이지. 열정적인 삶을 위한 선택과 결정들을 멋지고 옳은 선택이라고 말하면서 말이야.

10년간 꿈을 포기하지 않고 힘들지만 꿋꿋이 살아가는 운동선수, 자수성가하여 성공한 사업가들의 삶을 이야기하며 그들의 선택이야말로 용기 있는 결정이라고 입을 모아 칭송하지. 그들의 열정적인 삶의 자세를 우리는 배워야 한다고 말이야. 누구보다 강렬하고 뜨겁게 사랑하라고 말하는 것과 같아.

자신이 마주한 선택의 순간에서 그들처럼 선택하라고 말이야. 하지만 난 앞의 이야기에 교수가 말한 것처럼 선택의 문제에 있어서 '사랑'보다는 '애착'이 더 필요한 것 같다고 생각해. 강렬하고 열정적인 '사랑'의 감정 같은 선택보다 오래

오래 지속할 수 있는 '애착'의 감정 같은 선택이 더 필요하다
고 말이야.

《언어의 온도》라는 책에 "당신의 언어 온도는 몇 도쯤 되
나요?"라는 문장이 서문 끝에 나오는 데 나는 이 문장을 너무
나도 좋아해. 말과 글에도 사람마다의 온도가 있듯이 마음에
도 온도가 있다는 그 문장의 의미가 절실하게 내 마음에 와닿
았어. 용광로처럼 뜨거운 사람들이 있고, 차갑다 못해 냉혈한
같은 온도의 사람들도 존재하는 것처럼 너무 뜨겁지도 차갑
지도 않은 적정한 온도의 삶의 태도를 가지고 있는 사람들도
있지 않을까?

그저 자신만의 적정한 온도로, 뜨겁지는 않지만 차갑지도
않은, 따뜻한 삶의 태도를 유지할 수 있는 선택과 결정이 오
히려 누군가에게는 더 좋지 않을까?

마음속에 뜨거운 무언가가 용솟음치는 그런 열정적인 사람들이 싫지는 않아. 나도 가끔 뜨거워지고 싶을 때가 있으니까. 하지만 난 항상 뜨겁고 싶지는 않더라고. 내 온도를 지키는 게 훨씬 편안하니까 말이야. 내 삶에서 마주하는 수많은 선택과 결정의 순간에서도 난 이 온도를 지키면서 살고 싶다고 생각해.

　'열정'이라는 말의 사전적 의미는 '어떤 일에 열렬한 애정을 가지고 열중하는 마음'이야. 그래서 무엇인가에 도전하는 사람들, 패기와 의욕을 가지고 두렵지만 실행하는 사람들을 흔히 '열정적인 사람'이라고 말해.

　하지만 뜨거운 의지로 도전하는 것만이 '열정'은 아니지 않을까? 뜨겁지 않다 뿐이지 나라고 열정이 없진 않으니까 말이야. 그래서 앞으로는 내가 마주 선 결정의 순간에서 내린 선택을 '사랑'이 아닌 '애착'해 보려고 해.

　난 뜨겁지는 않지만 따뜻한 '열정'을 가진, 내 삶을 애착하는 사람이 되고 싶으니까 말이야.

3단계

선택에 있어
정답이 아닌 나만의
답을 찾는 노력

: 후회하지 않는 선택을 위한 최소한의 원칙

누구에게나 딱 들어맞는 정답같은 건 없는 것 같아.
선택만 있을 뿐이지.
그러니 내가 선택한 결과에 책임지겠다는
각오만 있으면 충분하지 않을까?

그래서 난 정답이 아니라 답을 찾기로 했어.

12장

놀이공원 한쪽 구석에는
왜 수백 개의 풍선이
매달려 있었을까?

"그러게 왜 풍선은 사주고 그래?
아내의 말에 남편은 심드렁하게 대답했다.

"나도 당연히 이럴 줄 알았지. 내가 어렸을 때도 그랬는걸 뭐.
그리고 당신도 마찬가지잖아.
집에 사놓고 안 쓰는 마사지기며 운동기구가
어디 한두 개야? 그게 풍선 같은 거지 뭐."

아직 개장 전의 놀이공원 앞에 사람들이 모여있어. 모여서 수다를 떨고 있는 학생들, 커플티를 맞춰 입고 온 연인들. 한껏 들뜬 아이의 손을 꼭 붙잡고 있는 부모와 아이들. 수많은 사람들이 놀이공원 앞에서 문이 열리기만을 기다리고 있었어.

태어나서 처음으로 놀이공원에 온 아이는 한껏 들떠 보였어. TV에서만 보던 인형들이 앞에서 춤추고 그 인형들 사이로 보이는 커다란 놀이기구들의 모습에 가슴이 두근거렸어. 빨리 저 안으로 들어가고 싶은 마음에 아빠 손을 꼭 붙잡고 있었지.

개장 10분 전, 사람들로 시끌시끌한 놀이공원 앞 광장을 두리번거리며 둘러보던 아이의 눈에 한 가게가 보였어. 기다랗게 늘어선 줄에 서서 신이 난 듯 웃고 떠들고 있는 아이들의 모습에 호기심이 생겼지.

풍선 가게였어.

아이들은 한 손에는 형형색색의 풍선을 손에 들고 다른 한 손으로는 엄마 아빠의 손을 잡고 세상에서 가장 즐거운 듯 웃고 있었어. 그 모습을 바라보던 아이도 잡고 있던 아빠의 손을 가게 쪽으로 끌어당기며 발을 옮겼지.

가게 앞에서 아빠는 아이 앞에 앉아 눈을 맞추고 물었어. 지금 당장 사주지 않으면 울 것 같은 표정으로 보채는 딸의 모습에 아빠는 번쩍 들어 안고 딸을 바라보며 이야기했어.

3단계 : 선택에 있어 정답이 아닌 나만의 답을 찾는 노력

놀이공원은 드디어 개장했고, 아이는 다른 아이들처럼 한 손에는 풍선을 들고 놀이공원 안으로 들어갔어. 마치 세상에서 가장 행복한 듯 말이야.

놀이공원은 생각보다 훨씬 신기하고 재미있는 것들투성이였지. 초롱초롱 빛나는 눈으로 여기저기 아빠의 손을 잡고 끌고 다니며 구경하고 놀이기구를 타고 맛있는 간식까지 먹고 나서 몇 시간이 흐른 후에 아이는 좀 피곤해졌어. 손에 꼭 들고 있던 풍선도 이제는 좀 귀찮아지기 시작했어.

아빠와 엄마와 잠시 벤치에 앉아서 쉬며 주변을 둘러보던 아이는 자기 또래의 아이들이 아무도 풍선을 들고 있지 않다는 걸 깨달았어. 분명히 입장할 때는 너도나도 다들 풍선을 들고 있었는데 말이야. 그러고는 들고 있던 풍선을 바라보다가 아빠에게 내밀었어.

아이는 그런 아빠의 말에 원망스러운 듯 울먹거리며 말했어.

아빠는 아이를 들어 안아 아이 손에 있던 풍선을 받아 들며 발걸음을 옮겼어. 그러고는 쉼터 안쪽에 있는 곳으로 걸어갔지. 쉼터 안쪽에는 버려진 수십, 수백 개의 풍선이 매달려 있었어. 마치 풍선 무덤같이 말이야.

3단계 : 선택에 있어 정답이 아닌 나만의 답을 찾는 노력

사람들은 자신이 원하는 것을
좋아하는 것으로 생각하고는 하지만
사실 원하는 것과 좋아하는 것은
다른 것일지도 모른다.

심리학에서는 원하는 것
즉 'WANT'는 내가 가지지 못했다는
불편한 감정을 해소하려는
심리상태라고 말한다.

좋아하는 것 'LIKE'와
원하는 것 'WANT'는
다른 심리적 요인에서 기인하는 것으로
둘은 구분되어야 한다고 말이다.

무심하게 SNS를 휙휙 넘기며 보다가 순간 손가락을 멈추게 하는 문장들이 있어. '지금 50% 할인 중'이라던가 '연예인 OO이 쓰고 있는 이 제품. 이거 아직 안 써봤어?'같은 문구들 말이야. 분명히 낚시글일 게 뻔한 광고지만 나도 모르게 클릭하게 되고는 해.

왠지 지금 사지 않으면 '정말 나만 모르는 건가?' 하는 생각에 지금 사지 않으면 왠지 나중에 손해 볼 것 같다는 이상한 위기감에 휩싸여서 구매 버튼을 클릭하고는 하지.

그렇게 충동구매를 한 물건들을 자주 사용하기라도 했으면 죄책감이 덜 할 텐데 역시나 여지없이 내 방 한구석에 존재도 까마득히 잊어버린 채로 방치되고는 해. 이래서 충동구매는 위험한 것 아닐까?

다시는 절대로 낚시글, 광고문구에 속지 않겠다고 다짐하면서도 여전히 문 앞에는 택배가 쌓여가고 있으니까 말이야.

'왜 나는 쓰지도 않고 방치할 물건을 사 모으는가?'라는 너무나도 당연한 질문에 나는 '다시는 절대로 그럴 일 없을 거야.'라고 답할 수가 없었어. 왜냐면 그 당시에 물건을 살 때만 하더라도 확신이 있었거든. 이건 나에게 필요한 것이라고 말이야. 그렇지 않았다면 지금 택배 상자도 뜯지 않은 저 안마기를 내가 살 이유가 없었을 테니까.

3단계 : 선택에 있어 정답이 아닌 나만의 답을 찾는 노력

그런데 그 '원한다'라는 마음, 그 가지고 싶다는 '생각'이 실상은 내가 좋아서 한 결정과 선택이라는 게 아니었다는 이야기에 수긍이 되더라고. '결핍'을 채우고 싶은 욕망 때문이라는 이유가 말이지. 나 빼고 다들 가지고 있다는 그 문구에 홀라당 마음이 넘어가 버린 게 진짜 내 속내였으니까 말이야.

나만 가지지 못했다는 그 불편한 상태. 그 상태에서 빨리 벗어나고 싶었던 것 같아. 나 빼고 다들 가지고 있다는 그 말에 나만 너무 뒤처지고 남들보다 모자란 것 같다고 무의식적으로 느꼈던 거지. 그렇지 않으면 사놓고 택배 상자조차 뜯어보지 않을 리가 없지 않을까?

확실히 명확해지더라고. 원하는 것과 좋아하는 것이 다르다는 게 이런 뜻이었구나 하고 말이야.

앞의 이야기에 아이도 나와 마찬가지였을 거야. 나만 갖지 못한 '풍선'을 좋아하는 것이라고 착각했던거지. 모두 다 가지고 있던 풍선이었는데 지금은 아무도 들고 있지 않으니 '나만 가지고 있지 않다'라는 결핍의 감정에서 벗어나는 순간 '풍선'은 이제 더 이상 아무런 쓸모도 없는, 심지어 불필요한 물건이 되어버린 거야. 내가 낚여서 산 물건들처럼 말이야.

원하는 걸 채우며 사는 게 뭐가 문제야? 라고 누가 묻는다면 사실 문제 될 건 없다고 생각할 수도 있어. 하지만 스스로 너무 고통스러운 선택일지도 모른다는 생각이 들었어. '원한다'라는 마음은 '결핍'을 채우려는 감정이니까 말이야.

아마도 원하는 걸 모두 채울 수는 없지 않을까? 만약에 당장 채울 수 있다고 하더라도 언젠가는 '새로운 결핍'을 찾아 다시 자신을 괴롭히고 말 것이 분명하니까 말이야. 그게 '원하는 것'이라는 마음의 본질일 테니까 말이야. 원하는 걸 채우며 사는 것이 삶의 목표가 된다면 우리는 절대 행복해질 수 없을 거야. 계속 내가 모자란 것만을 찾아다닐 테니까 말이지.

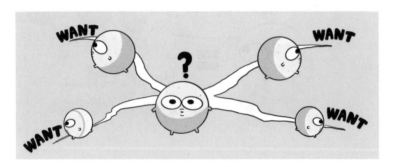

3단계 : 선택에 있어 정답이 아닌 나만의 답을 찾는 노력

심리학에서는
WANT보다 LIKE에
더 집중하라고 이야기한다.
WANT의 속성 중 하나는
'순간'적인 욕망이라는
점이다.
하지만 LIKE는
지속 가능한 상태.
즉 변하지 않는 취향이나
선호에 가깝기에
우리의 선택과 결정은
LIKE에 집중되어야
한다고 말한다.

그래서 난 우리가 하는 선택과 결정이 원하는 걸 가지는 것에서 벗어나 내가 좋아하는 게 무엇인지 고민하고 그것을 찾는 것에 집중해야 한다고 생각해. 그래야만 내가 계속해서 지속할 수 있는 최선의 선택이 될 테니까 말이야.

3단계 : 선택에 있어 정답이 아닌 나만의 답을 찾는 노력

누가 내게 살면서 가장 좋아했던 만화를 묻는다면 난 '가오가이거'라고 확신에 차서 대답해. 어릴 적에 25만 원이 넘는 이 만화의 피규어를 사기 위해 엄마와 전쟁을 벌일 정도였으니까. 대부분의 반응은 "가오가이거요?"라는 놀람과 되물음이 대부분이지. 로봇 영웅물인 이 만화의 존재조차 모르는 사람들도 있지만 이 만화를 아는 사람들조차 나와 너무 어울리지 않는다고 생각하거든.

　　어릴 적뿐만 아니라 나는 지금도 '가오가이거'를 너무 좋아해. 로봇이 나오는 낭만 툴을 너무 좋아라고 지금도 다시 꺼내어 읽을 정도로 말이야. 지금은 유행에서 너무 멀어져 다시는 나오지 않는 장르이지만 나는 개의치 않아. 계속해서 좋아할 수 있어. 누구의 의견과 관계없는 나만의 선명한 취향이거든. 원하는 게 아니라 좋아하는 것이니까 말이야.

　　나의 '가오가이거'처럼 내가 좋아하는 걸 결정하고 선택한다는 건 '가성비'가 좋은 선택과 결정이 아닐까? 그저 나만 좋아하고 만족하면 되니까. 다른 사람들의 눈치를 볼 필요도, 결핍을 채우기 위해 무리한 결정을 할 필요도 없을 테니까 말이야.

어리석은 선택을 했다고 후회하고, 내가 왜 그런 결정을 했을지 자신을 비하하는 감정들은 어쩌면 대부분 좋아하는 게 아니라 원하는 걸 선택했을 때가 많았던 것 같아. 내가 뭘 좋아하는지도 모르고 말이지.

그래서 앞으로는 내가 좋아하는 것을 선택하려고 해. 다른 사람들도 다 하고 있는 모두 다 좋다고 하는 결정 말고 말이야. 그래야 내가 진짜 만족할 수 있을 테니까. 때로는 원하는 걸 가지고 싶은 순간의 욕망에 사로잡혀 선택하고 결정할 때도 있겠지만 그때마다 '이게 정말 내가 좋아하는 것을 선택한 걸까?' 하고 스스로 되묻고 고민해 볼 거야.

이제 놀이공원에 가더라도 '풍선'은 사지 않아도 될 것 같아. 대신 나만의 '가오가이거'를 다시 위시리스트에 넣어두려고 해. 너도 너만의 '가오가이거'를 찾아보는 건 어때?

네가 선택하고 결정하는 데 있어 시간이 지나도 질리지 않을 자신만의 '취향'을 따르는 게 더 좋을 테니까 말이야.

사람들이 원하는 '나'로
평생을 살 수는 없다.
그들의 눈높이를 맞추며
산다는 건
삶이 불행의 길로
접어들었다는 걸
의미하기 때문이다.

- 쇼펜하우어

13장

왜 그 면접자는
면접장 불을 끄고
나와 버린 걸까?

우리 뇌는 쉬지 못하면
평소에는 하지 않는 말도 안 되는 실수를
저지르고는 합니다.

- 인지심리학자 김경일

단정하게 머리를 하고 깔끔한 옷차림의 한 여성이 면접 대기실에서 기다리고 있었어. 많이 긴장한 듯 입술은 바싹 말라 있었고 연신 숨을 크게 들이켜고 있었지. 앞 사람들이 번호를 듣고 불려 갈 때마다 더 긴장한 모습이 역력해 보였어. 자기 앞 번호의 면접자가 불려 나가고 다시 한번 거울을 보며 머리와 옷매무새를 점검하며 곧 있을 면접에서 실수하지 말아야지 다짐하며 주먹을 불끈 쥐었지.

"13번 면접자 들어오세요."

자기 번호가 불리고 이 여성은 면접실 방문을 가볍게 노크하며 면접실 안으로 들어갔어. 세 명의 면접 담당자가 자리에 앉아 있었어. 다행히 밝게 미소 짓고 있는 세 명의 면접관을 보며 긴장이 조금씩 풀리는 것 같았어.

"많이 긴장하신 것 같은데 편하게 생각하셔도 괜찮아요. 물 한 잔 드시고 천천히 이야기해 볼까요?"

맨 왼쪽에 있는 가장 인상이 좋아 보이는 면접관의 말에 앞에 놓인 컵의 물을 한 모금 들이켜고 다시 한번 숨을 크게 들이켠 여성은 자신이 지어 보일 수 있는 가장 친절하고 예의 바르지만 당차 보이는 표정을 지으며 정면을 바라보았어. 왠지 오늘은 합격할 수 있을 것 같은 기분이 들었지.

"자, 그럼 자기소개 부탁드려 볼까요?"

"네, 안녕하십니까! 이번에 입사 지원하게 된 13번 면접자 ○○○입니다."

면접은 10분 정도 이어졌어. 다행히 면접관들은 연신 미소를 짓고 있었고 여성이 편하게 말할 수 있도록 배려해 주었지. 여성의 답변에 고개를 끄덕이기도 하고 큰 소리로 웃기도 했어. 여성은 뛸 듯이 기뻤어. 면접 분위기가 너무 좋아서 이번에야말로 합격할 것 같다는 생각이 들었거든. 어제 밤을 새워 이 회사의 비전이나 회사의 상황들을 빠짐없이 메모하고 외우고, 합격자 수기를 찾아보며 준비했던 것들이 빛을 보는 느낌이었어. 비록 한숨도 못 자고 면접을 보러 왔지만 말이야.

"자, 이제 마지막 질문입니다. 너무 고생 많았어요. 오늘 면접에서 ○○○ 씨가 가장 인상적이었어요. 만일 우리 회사에 입사하게 된다면 어느 부서로 발령받고 싶어요? 전 우리 부서로 왔으면 좋겠는데 말이죠."

여성은 막바지에 이른 면접에서 이 질문으로 합격을 확신했어. 웃으며 자신의 부서로 들어오길 바란다는 면접관의 말은 지금 이 질문만 문제없이 답한다면 입사는 확정이라는 말과 다름 없다고 생각했거든. 지금껏 긴장으로 인해 뻣뻣하게 굳었던 몸이 이완되는 느낌이었지. 어제 한숨도 이루지 못한 몸이 급격하게 피곤하고 졸음이 몰려오기 시작했어. 하지만 마지막까지 정신을 똑바로 차린 여성은 마지막 답변에도 실수는 없었어. 면접관들도 만족한 듯 고개를 끄덕였어. 드디어 면접은 끝났고 여성은 완전히 긴장이 풀어졌어.

"마지막까지 수고했어요. 그럼 며칠 내로 인사팀에서 연락이 갈 거예요. 이만 나가보셔도 좋아요."
"고생 많으셨습니다. 감사합니다."

깍듯이 인사하고 자리에서 일어난 여성은 면접실 문을 열고 밖으로 나가면서 문 옆에 붙어있는 전등 스위치를 끄고 말았어. 아주 습관처럼 말이지. 불 꺼진 면접실에 앉아있던 면접관들은 당황했지만 이미 문을 닫고 나간 여성은 자신이 무슨 짓을 했는지 아무것도 모른 채 엘리베이터로 향했어. 집에 가서 침대에 몸을 던질 생각 밖에는 나지 않는다는 듯이 말이야.

이 여성은 그 회사에 합격했을까? 아니면 마지막 바보 같은 실수도 떨어지고 말았을까? 사실 이 정도 실수는 가볍게 눈감아 주었을 거야. 누가 봐도 실수니까 말이야. 마지막까지 긴장의 끈을 놓지 않았던 이 여성이 실수한 이유는 아마 다들 알고 있을 거야. 우리의 뇌는 제대로 쉬지 못하면 이런 말도 안 되는 실수를 아무렇지도 않게 하고는 하니까.

이런 실수들은 주변에서 생각보다 많이 보아왔을 거야. 제대로 잠을 이루지 못했거나 제대로 쉬지 못한 사람들이 자주 저지르는 실수니까 말이야. 정신을 똑바로 차리고 있다고 생각하고 긴장해도 이런 실수들은 종종 일어나고는 해. 이러한 작은 실수는 대부분 평소 아무렇지도 않게 하던 작은 '습관'들이 장소와 때를 가리지 않고 나오기 때문이라고 해. 앞의 면접자처럼 방 불을 끄고 나온다거나 예의를 차려야 하는 자리에서 다리를 꼬고 있다거나 하는 실수들 말이야. 평소의 습관들이 여과 없이 나오는 거지.

"우리 뇌는 충분히 쉬어주지 않고 피곤이 누적되면 이런 말도 안 되는 실수를 합니다. 그래서 우리는 시험이나 중요한 일정이 있는 경우 충분히 쉬어줘야 해요. 우리의 뇌는 제대로 쉬지 않으면 반복해 오던 습관이 무의식적으로 나와 버리니까 말이에요."

인지심리학자 김경일 교수는 우리가 일으키는 작은 실수에 대해 이렇게 이야기 해. 제대로 쉬지 못해서 발생하는 작은 참사라고 말이야.

3단계 : 선택에 있어 정답이 아닌 나만의 답을 찾는 노력

하루 종일 침대에서
뒹굴 거리기만 했는데
왜 피곤이 가시지를
않는 걸까?

이런 작은 참사와 같은 실수는 잠을 제대로 이루지 못할 때만 일어나지는 않는다고 해. 몸이 피곤하지 않아도 이런 실수는 종종 일어나고는 하니까. 하루 종일 집에서 뒹굴 거려서 몸은 전혀 피곤하지 않아도 말이야. 다들 그런 경험이 있을 거야. 분명히 푹 쉬어서 몸은 멀쩡한데 머리가 몽롱하고 피곤한 것 같은 기분이 드는 그런 경험들 말이야.

"여러분은 쉬고 있다고 생각하지만, 뇌는 쉬고 있지 않아요. 뇌는 계속해서 일을 하고 있죠. 핸드폰을 본다거나, 책을 읽는다거나, 심지어 심심하은 한 배나 꿈을 꾸는 생각 뇌는 일하고 있는 거죠."

뇌과학자 정재승 박사는 뇌는 당신이 쉬고 있을 때도 쉬지 않고 계속해서 일을 하고 있다고 이야기해. 핸드폰으로 SNS나 짧은 쇼츠 영상들을 보고 있는 건 쉬는 게 아니라 일하고 있는 거라고 말이야. 이렇게 쉬지 못한 뇌는 계속 피곤한 상태를 유지하고 우리의 일상에서 실수를 연발하게 만든다는 거지.

그건 우리가 마주하는 선택의 순간에도 어김없이 발생하고는 해. 피곤함에 찌든 우리의 뇌는 생각하기를 거부하거든. 편하고 쉬운 결정과 습관화되고 반복된 결정만을 하는 거지. 지금까지와는 다른 새로운 선택이나 결정이 필요할 때도 이전에 했던 선택과 결정들을 따르려 한다는 거야. 매번 반복한 선택을 똑같이 따라 하고 마는 거지. 분명히 다른 선택과 결정이 필요한데도 말이야.

'아, 그냥 하던 대로 하자.'
'그냥 이전에 갔던 식당으로 가자. 새로 찾는 것도 피곤해.'

핸드폰을 끼고 사는 친구들. 집에 가서 아무것도 안 한다는 친구들이 이렇게 말하는 걸 수없이 지켜봤지? 피곤한 뇌가 더 이상 새로운 선택을 거부하는 거야. 그 친구들의 뇌는 쉬지 못했으니까 말이야.

우리는 수시로
'멍'때려야 한다.
'멍'때리지 못한 우리 뇌는
우리의 선택과 결정을
방해하고 말 테니까.

뇌가 가장 확실하게 쉴 수 있는 방법은 바로 '멍'때리는 거라고 해. 아무 생각 없이 멍하니 있는 거 말이야. 핸드폰을 손에 닿지 않는 곳에 놓아둔 채로 말이지. 아무 생각 없이 침대에 누워서 멍을 때리는 것이야말로 뇌가 쉴 수 있는 최적의 선택이라는 거지. 최근에 유행하는 '디지털 디톡스'가 유행하는 것도 이런 이유 아닐까? 뇌를 이렇게 쉬게 하는 방법으로는 그만한 게 없으니까.

그러니까 우리 모두 가끔은 멍해져 보는 건 어때? 아무 생각도 하지 말고 그저 침내에 누워서 신나 빈둥기며 보는 것 말이야. 쉬는 척 가짜로 쉬는 것 말고, 진짜 제대로 쉬는 휴식이 필요하지 않을까?

면접실에 전등을 꺼 버리고 나오기 전에 말이야.

14장

왜 쥐는
고양이의 귀를
물어뜯어 버린 걸까?

천적인 고양이와 함께 있는 것만으로도
벌벌 떨며 불안해하는
보통의 쥐들과는 달랐어요.

심지어 가만히 있는 고양이를 먼저 공격하기까지 했죠.

어느 실험실 한구석, 투명 아크릴 실험 상자 안에 한 마리의 쥐가 주위를 두리번거리고 있었어. 하얀색 가운을 입은 연구원 한 명이 들어와 두리번거리고 있는 쥐 앞에 먹이를 잔뜩 내려놓고는 곧장 실험실 밖으로 나갔어.

그 쥐는 정신 없이 앞에 놓인 먹이에 심취해서 마구 먹어대기 시작했어. 연구원이 있든 없든 상관없다는 듯이 말이야. 아까 나갔던 연구원이 손에 상자 하나를 들고 다시 들어왔을 때도 그 쥐는 전혀 관심이 없었지. 그저 눈앞에 놓인 맛있는 먹이를 먹기만 했을 뿐이었어.

3단계 : 선택에 있어 정답이 아닌 나만의 답을 찾는 노력

연구원이 그 의문의 상자를 열자, 한 마리의 고양이가 자리를 잡고 앉아 있었어. 연구원은 고양이를 상자에서 꺼내 들어 아크릴 실험 상자에 내려놓았어. 그러고는 그 상자 안을 가만히 지켜봤지. 어떤 일이 일어날지 흥미로운 듯 눈을 밝히면서 말이야.

먹는 것에 정신 팔린 쥐는 자기 앞에 나타난 고양이를 한 번 바라보고는 아무렇지도 않다는 듯 다시 먹이에 집중했어. 앞에 자신의 천적인 고양이가 나타났는데도 관심도 없다는 듯 말이야.

천적인 고양이와 함께 있는 것만으로도 벌벌 떨며 불안해하는 보통의 쥐들과는 달랐어. 고양이를 무시하는 것처럼 보이기까지 했으니까. 오히려 아무렇지도 않게 식사를 즐기고 있는 그 쥐를 바라보고 있는 고양이가 더 당황스러워하는 것처럼 보였어.

이내 고양이는 천천히 쥐 앞으로 다가갔어. 이 겁 없는 쥐에게 천적의 공포를 알려줘야겠다는 듯이 눈을 빛내며 말이야. 아주 지척까지 다가온 고양이에게 쥐는 그제야 고개를 들어 바라봤지.

3단계 : 선택에 있어 정답이 아닌 나만의 답을 찾는 노력

그런데 그 쥐는 정말 겁이 없었어. 곧장 뛰어올라 고양이의 귀를 물어뜯어 버린 거야. 마치 네가 뭔데 내 식사를 방해하는 거냐고, 내 먹이에 손 대면 가만두지 않겠다는 듯이 말이야.

그 쥐의 눈에는 천적을 만난 두려움이나 잡아먹힐지도 모른다는 공포의 감정 따위는 보이지 않았어. 그리고 이 광경을 지켜보던 연구원은 두려움 없이 고양이에게 달려들어 귀를 물어뜯은 쥐의 모습을 지켜보다가 차트를 들어 적기 시작했어.

'편도체 제거 실험의 결과는 성공적이었다'라고 말이야.

이 실험은 뇌에서 '편도체'라고 부르는 뇌의 기관이 어떤 역할과 기능을 하는지 알아보는 실험으로 가장 유명한 실험 중 하나라고 해.

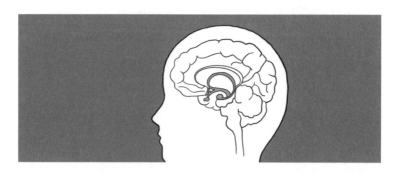

마치 '아몬드'처럼 생긴 이 편도체라는 기관의 가장 중요한 기능은 바로 '공포심'을 느끼게 한다는 거야. 즉, 이 편도체라고 불리는 뇌의 기관이 없다면? 두려움이나 공포를 전혀 느끼지 못한다는 거야. 마치 고양이 앞에서 벌벌 떨기커녕 달려들어 귀를 물어뜯는 쥐의 모습처럼 말이야.

3단계 : 선택에 있어 정답이 아닌 나만의 답을 찾는 노력

만약 내 선택에 두려움이 없다면
나는 후회 없는 결정을
할 수 있었을까?

생명체에게 있어 '편도체'의
가장 중요한 기능 중에 하나는
'두려움'이라는 감정을
느끼게 하는 겁니다.
지금은 위험하니 어서 도망치거나
숨으라고 경고하는 거죠.
'두려움'이라는 감정을 통해서
말이에요.

만약 그 쥐처럼 나도 '편도체'를 떼어 내면 좋겠다고 생각했어. 그럼 나도 좀 용감하게 내가 마주한 문제를 선택할 수 있을 것 같았거든. 결정에 대한 두려움 없이 말이야.

사람들은 두려움이라는 건 극복해야만 하는 장애물 같은 거라고 쉽게 이야기하잖아. 선택과 결정 앞에서 두려워만 하고 있으면 아무것도 할 수 없다고. 그 두려움을 이겨내고 선택해야만 후회 없는 결정을 할 수 있다고 말이야.

하지만 지금 생각해 보면 내가 결정 앞에서 마주했던 주저함은 어쩌면 내 편도체가 보내는 경고 아니었을까? 내가 살면서 경험하고 축적했던 경험과 감정들이 보내는 신호였을지도 모르지. 아마도 선택의 기로에서 만났던 그 알 수 없는 두려움의 원인은 말이야.

괜찮으니까 조금 더 신중히 고민해 보고 결정해도 늦지 않는다고. 그러니 무턱대고 용감하지 말라고. 지금 너는 고양이 앞에 쥐라고 말이야.

3단계 : 선택에 있어 정답이 아닌 나만의 답을 찾는 노력

두려움 없는 결정은
반드시 실패한다.
시련과 아픔 없이 얻은
모든 것은 거짓이다.
적어도
'어떻게 살아야 하는가?'
라는 질문에는 더더욱
그러하다.

- 쇼펜하우어

혹시 바닷가재가 언제 죽는지 알아? 바닷가재는 나이 들어 죽지 않는대. 천적에게 잡아먹히거나 사고가 일어나지 않는다면 이론상으로는 영생이 가능한 생명체라는 거지.

그런데 그 바닷가재가 죽는 가장 큰 원인은 '허물'을 벗을 때라고 해. 갑각류는 외골격 무척추동물, 그러니까 몸 안에 뼈가 없고 바깥쪽에 딱딱한 껍질이 뼈의 역할을 한다는 거야. 그래서 몸이 커지면 주기적으로 탈피를 해야 한다고 해. 몸이 커진 만큼 새로운 껍질로 갈아입어야 한다는 거지.

3단계 : 선택에 있어 정답이 아닌 나만의 답을 찾는 노력

문제는 그 '탈피'의 과정에 있다고 해. 탈피할 때 바닷가재의 껍질은 가장 말랑말랑하거든. 딱딱한 채로 허물을 벗을 수 없으니까 말이야. 이때 천적에게 공격받으면 속수무책으로 당할 수밖에 없지. 그리고 허물을 제대로 벗지 못해서 죽는 경우도 많다고 해. 하지만 탈피에 성공하면 이전보다 더 커진 몸과 더 딱딱해진 껍질을 가지게 되는 거야.

그러니까 바닷가재가 '성장'할 수 있는 건 딱딱한 껍질을 벗고 말랑말랑해진, 누구에게나 공격받을 수 있는 가장 약해졌을 때라는 거야.

뇌 과학자 장동선 박사는 이런 가재의 성장에 대해서 이렇게 말해.

가재의 몸의 성장과
인간의 마음은 닮아있다-!

"가재 몸의 성장과 인간의 마음 성장은 닮아있는 것 같아요. 성장할 수 있는 건 자신의 가장 약할 때인 것 같아서요."

"아무도 나의 굳은 결심을 꺾을 수 없다고, 마음의 단단한 외피를 두르고 확신에 차야만 성장할 수 있다고 생각하지만, 사실 인간의 마음이 성장하는 건 잡아먹힐 것 같고, 가장 나약해졌을 때거든요. 마치 바닷가재가 허물을 벗을 때처럼 말이에요."

한번 머 나에게!!!
짚풀같은 용기를!!!

3단계 : 선택에 있어 정답이 아닌 나만의 답을 찾는 노력

그래. 사람들은 단단한 껍질 속에 두려움이라는 감정을 드러내지 않는 게 강한 거라고 믿고 그래야만 후회 없는 결정, 좋은 결정을 한다고 믿고 있지만, 사실은 오히려 자신이 두른 딱딱한 마음의 갑옷 속에 숨어있는 것일지도 몰라.

'나는 틀리지 않았어. 나의 결정은 항상 옳아야만 해'라고 믿으면서 말이지. 사실은 한치의 마음 성장도 하지 못한 채로 말이야. 자신이 느끼는 두려움과 불안을 애써 무시하면서, 조금이라도 빈틈을 보이거나 나약한 모습을 보이면 죽는 줄 알고 말이지. 마치 편도체를 제거당한 쥐 같지 않아?

아마 앞으로도 나는 결정의 순간에 두려워할 수도 있을 거야. 불안에 떨며 선택을 미루고 단호하고 확고한 결심 같은 건 못할지도 모르겠어. 하지만 이런 나의 나약한 모습조차 받아들이고 더 고민하고 '나'다운 선택을 하려고 노력하려고 해.

후회 없는 결정을 할 수 있는 사람이란 아마 이런 생각을 할 수 있는 사람 아닐까? 가장 나약한 내 모습조차 있는 그대로 마주할 수 있을 때 말이야. 두려움에 떨고 있는 나를 되돌아볼 수 있는 그런 사람이 할 수 있는 선택 말이야. 그게 진짜 '성장'하고 있는 사람일 테니까 말이야. 성장하고 있는 척하는 사람이 아니라 말이지.

역시 나는 내 편도체를 제거하지 않는 편이 낫겠어.

15장

왜 세계 최고의 핸드폰 기업은 한순간에 망해버리고 말았을까?

성공한 사람들은 종종
말도 안 되는 바보 같은 실수를
저지르고 만다.

혹시 '노키아'라는 브랜드 들어본 적 있어? 스마트폰이 나오기 전에 전 세계를 주름잡았던 핸드폰 브랜드 말이야. 그 유명한 모토로라를 꺾고 1990년대부터 2000년대를 휩쓸었었지.

핀란드를 대표하는 IT기업 '노키아'는 2008년 전 세계 핸드폰 1위의 빛나는 기업이었어. 전 세계에서 40%가 넘는 점유율을 자랑하는 공룡기업이었지만 문제는 2010년대에 들어서면서였어. 드디어 스마트폰이 시장에 등장하게 된 거야.

애플사의 아이폰을 필두로 스마트폰의 시대가 열렸지만, 이 '노키아'라는 회사는 여전히 기존의 핸드폰 시장에서 벗어나지를 못했어. 1등이니까 말이야. 아무리 스마트폰 시장이 커져봤자 우리를 선택하는 고객은 여전히 남아 있을 거라고 믿었던 거지.

애플이 주도하는 스마트폰 시장이 점점 더 커져 세상이 변하고 있었지만, 여전히 기존의 핸드폰 시장에서 벗어나지 못

한 노키아는 대세로 자리매김하는 스마트폰 시장에서 소극
적으로 대처한 결과, 결국 2013년 휴대폰 사업부를 마이크로
소프트사에 매각하고 말았어. 역사의 뒤안길로 사라져 버리
고 만 거야.

어쩌면 잊을 수 없는
짜릿한 성공의 경험이
선택과 결정의 순간에
내 눈을 가리고
있는 건 아닐까?

우리는 엄청난 성공을 이룬 사람들, 1등을 도맡아 하던 천재들이 모든 면에서 평범한 사람들을 뛰어넘는 엄청난 선택과 결정을 할 거라고 믿어 의심치 않지만, 의외로 이런 바보 같고 어리석은 선택을 종종 저지른다고 해. 왜냐면 그들도 그들 자신의 선택과 결정을 의심하지 않거든. 자신이 내린 결정들이 최선이라는 걸 말이야.

내가 가진 걸 지키기 위해서 자신이 성공했던 경험에서 한 치도 벗어나지 못하고 이전의 선택만을 고집하는 바보 같은 선택을 하고 마는 거지.

결국 후회하고 말 그런 결정 말이야.

내일이 바뀌길 바라면서
어제와 똑같은 오늘을
보내는 사람들은
미친 사람과 다를 바 없다.

- 알버트 아인슈타인

20세기 최고의 천재라고 불러도 누구도 이의를 제기하지 못하는 '알버트 아인슈타인'은 이런 말을 남겼다고 해.

"내일이 바뀌길 바라면서 어제와 똑같은 오늘을 보내는 사람들은 미친 사람과 다를 바 없다."

어쩌면 이 말 한마디가 노키아의 대실패를 한마디로 표현해 주는 말이라는 생각이 들었어. 세상이 변하지 않을 거라는 당연한 믿음. 이렇게까지 확실한 성공의 진리가 그렇게 깨질 리 없다고 생각한 사람들이 직면할 수밖에 없는 오류인 거시. 세상에 당연한 게 없다고 말하면서도 한편으로는 자신의 성공 경험은 절대로 변하지 않을 거라고 믿어버린 거지. 아니, 착각해 버린 거야.

우리가 마주하는 선택의 순간에서도 알게 모르게 그런 믿음이 분명히 존재할 거로 생각해. 그리고 그 믿음이 착각이었다는 걸 깨닫는 순간은 우리의 선택을 후회하게 될 때 뿐일거야. 변하지 않는 정답을 선택했을 뿐인데 실패라는 결과를 맞이했을 때 말이야. 진리라 믿어 의심치 않았던 그 성공의 경험이 사실 정답이 아니었다는 충격적인 진실과 마주했던 그 순간에서야 결국 깨닫게 되는 거지.

인생에 확실한 정답이 없다는 걸 말이야.

백조(白鳥) 말 그대로 하얀 새를 뜻하는 말이었어. 1697년 호주 대륙에서 검은 백조가 발견되기 전까지 유럽 사람들은 백조는 모두 흰색이라고만 생각했다고 해. 그때까지 발견된 모든 백조는 흰색이었으니까 말이야. 너무나도 당연했던 '백조는 흰색'이라는 고정관념을 완전히 깨트린 검은 백조의 발견은 세상에 당연한 진리 같은 건 없다는 걸 역설하는 표현으로 '블랙 스완 효과'라고 하며, 심리학에서 자주 사용한다고 해. 100% 확실한 정답이나 진리 같은 건 없다고 말이야.

우리를 후회에 늪에 빠뜨리고 자신을 자책의 강에서 허우적거리게 만드는 건 결국 정답 같은 건 없는 세상에서 정답을 선택하고 싶은 마음 때문이라는 걸 나도 여러분도 꼭 명심했으면 좋겠어. 우리가 마주할 선택의 순간에 말이야.

인생에 정답은 없고 선택만 있을 뿐이니까.

선택에는 좋고 나쁨도, 올바르거나 틀린 건 없어. 자신의 선택에 책임질 수 있다면 그거면 충분할 거라고 생각해. 후회하거나 틀린 선택을 했다고 믿는 건 자신의 결정에 책임지기 싫다는 속내일 뿐 아닐까?

나는 남들보다
똑똑한 게 아니라
그저 남들보다
더 많이 그 문제를
고민했을 뿐이다.

아인슈타인의 저 말처럼 조금 더 오래 나를 둘러싼 문제에 대해 고민해 보려 해. 정답 같은 건 없는 세상에서 나를 위한 선택을 한다는 건 오래 고민하고 충분히 생각해 보는 것밖에 는 답이 없지 않을까? 어쩌면 그것만이 나만의 답을 찾는 방법일지도 모르겠어.

원래 '아름답다'라는 말은 옛날 조선시대에서는 '나답다'라는 뜻으로 쓰였다고 해. 그러니까 '나'답다는 말이 현재는 아름답다는 말로 바뀌었다는 거지. 그러니까 '나'다운 것이야 말로 진짜 아름다운 것 아닐까?

나는 내가 조금 더 아름다워질 필요가 있을 것 같아. 지금 껏 '아름'답지 못했던 적이 더 많으니까. 앞으로 정답을 고르려는 노력보다는 아름다운 선택을 하기 위해 오래, 그리고 깊게 고민해 보았으면 해. 그게 진짜 후회 하지 않는 선택일 게 분명하니까 말이야.

결정의 순간, 후회 없는 선택이 필요할 때

초판 1쇄 발행 ᅵ 2024년 06월 19일

지은이 ᅵ 감자
펴낸이 ᅵ 김주희
펴낸곳 ᅵ 봄에

출판등록 ᅵ 제2019-000008호 (2017년 6월 21일)
주소 ᅵ 인천시 부평구 장제로 163, 1201호
팩스 ᅵ 02)6442-4524   **이메일** ᅵ luffy1220@naver.com

ISBN 979-11-90416-07-8 (03190)